Stilkes Rechtsbibliothek Nr. 127

Die Gesetze des Deutschen Reichs und der deutschen Länder
mit systematischen Erläuterungen

Zugabeverbot

Von

Dr. Wenzel Goldbaum

Rechtsanwalt und Notar in Berlin

1932

Verlag von Georg Stilke in Berlin

Druck der Meyerschen Hofbuchdruckerei, Detmold

Vorwort

Das Verbot der Zugabe beschäftigt seit längerer Zeit den Gesetzgeber, die Wissenschaft, die Praxis. Die Reichsregierung hat nunmehr den Entwurf eines Gesetzes über die Gewährung von Zugaben zu Waren oder Leistungen im Reichsanzeiger veröffentlicht. Bezweckt wird damit, allen Beteiligten und Betroffenen Gelegenheit zu geben, sich auf das Gesetz, dessen Annahme keinem Zweifel unterliegt, einzurichten und Einrichtungen geschäftlicher Art, die sich als Zugabe im Sinne des künftigen Gesetzes darstellen, abzubauen oder den Erfordernissen anzupassen. Das ist der eine Grund, der zur Kenntnis des Gesetzentwurfes zwingt; aber es gibt noch einen andern. Nach den §§ 1, 3, 4 des Gesetzes betreffend den unlauteren Wettbewerb wandten sich die Gerichte auch bisher schon gegen Zugaben in gewissen Fällen. Diese bisher „ängstliche“ Judikatur wird durch den Entwurf im Sinne eines Verbotes sehr ermutigt, und es ist keineswegs ausgeschlossen, daß die Gerichte auf Grund der §§ 1, 3, 4 UWG. Ergebnisse des Gesetzes sozusagen vorwegnehmen, und zwar aus der Auffassung, daß der Entwurf allgemeine Ansichten widerspiegelt, auf die sich die Annahme eines Sittenverstoßes gemäß § 1 noch sehr wohl stützen kann. Oder aus der Auffassung, daß durch gewisse Arten der Zugabe der Anschein eines besonders günstigen Preisangebots gemacht werde (§§ 1, 4 UWG.). Es wird die Ansicht vertreten, daß das bisherige Gesetz ausreiche, um dem Mißbrauch zu steuern. Die Regierung ist nicht der Auffassung. Sie hat ihre Ansicht in der Begründung ausführlich wie folgt dargelegt:

„In immer steigendem Maße bedienen sich seit Beendigung der Inflationszeit Gewerbetreibende im Einzelhandel des Reklamemittels der Zugabengewährung, um Kunden anzulocken und sie zu möglichst fortgesetztem Warenbezug an den zugabegewährenden Geschäftsbetrieb zu binden. Das geschieht in der Hauptsache bei dem Verkauf von Lebens- und Genußmittel, wie Kaffee, Kaffeersatzmitteln.

Margarine, Zigaretten usw., und bei Haushaltswaren des täglichen Gebrauchs, wie Seife und Waschmitteln, besonders aber bei Markenartikeln jeglicher Art. Regelmäßig werden solche Zugaben in der Form gewährt, daß der Käufer nicht gleichzeitig mit der eigentlichen Ware auch die Zugabe erhält, sondern zunächst nur einen der Ware beigefügten Gutschein und erst später gegen Ablieferung einer bestimmten Anzahl von Gutscheinen die Zugabe. Die Zugabeartikel selbst stammen vorzugsweise aus der Porzellan-, Glas-, Textil-, Leder- und aus der graphischen Industrie.

Zur Erklärung der an sich eigenartigen Erscheinung, daß dem Käufer zu der Ware, deren Erwerb der Kauf bezweckt, Dinge mitgegeben werden, die dem eigentlichen Kaufgegenstand ganz fremd sind, wird von den Anhängern des Zugabewesens eine Reihe von Gründen angeführt. So namentlich, daß die Zugabe ein besonders zugkräftiges Reklamemittel (sogen. „Wertreklame“) darstelle und als solches ebenso berechtigt sei wie die Zeitungs- oder jede sonstige Wort- oder Anschauungsreklame; wie diese könne sie lauter oder unlauter sein. Die Zugabengewährung ersetze die Wort- und Anschauungsreklame und sei wirtschaftlich wertvoll, da sie dem kaufenden Publikum an Stelle der sonst für Wort- und Anschauungsreklame aufgewendeten Ausgaben wirkliche Werte als Zugabenartikel gebe. Sie sei für kleinere und mittlere Betriebe das einzige Mittel, sich gegen die Konkurrenz kapitalkräftiger Firmen, die hohe Summen auf die Wort- und Anschauungsreklame verwenden könnten, zu behaupten. Denn die Wertreklame werde nur für wirklich abgesetzte Waren aufgewendet; sie stehe in einem festen Verhältnis zum Absatz, da man nichts für Reklame ausgebe, ohne Ware zu verkaufen. Die Wertreklame habe bedeutenden, für das Zugabewesen arbeitenden Industrien Aufschwung und vermehrten Absatz verschafft.

Diesen zugunsten des Zugabewesens geltend gemachten Gründen stehen überwiegende Bedenken entgegen. Zunächst trifft es im allgmeinen nicht zu, daß die sogenannte Wertreklame das Inserieren in den Zeitungen und sonstige Ankündigungen entbehrlich mache. Tatsächlich wirkt sich die Gewährung von Zugabemitteln als Reklame doch erst aus, wenn in größerem Umfange durch Ankündigungen darauf aufmerksam gemacht wird. Ferner ist die Annahme nicht gerechtfertigt, daß die Produktion und der Umsatz solcher Waren, wie sie als Zugabeartikel gegeben werden, infolge des Zugabesystems regelmäßig vergrößert werden; denn es handelt sich bei den Zugaben zumeist um Waren, die vom Publikum ohnehin benötigt werden und die in den betreffenden Spezialgeschäften gekauft werden müßten, wenn sie nicht als Zugabeartikel gegeben würden. Vor allem aber kommen die Auswirkungen in Betracht, die das Zugabewesen für das kaufende Publikum und die Entwicklung des wirtschaftlichen Wettbewerbs im ganzen mit sich bringt. Unter diesem Gesichtspunkt ergibt sich, daß das Zugabesystem Nachteile schwerwiegender Art im Gefolge hat.

In dieser Hinsicht wird von den Gegnern des Zugabewesens ausgeführt, daß die Wertreklame im Gegensatz zur Wort- und Anschauungsreklame die Aufmerksamkeit des Käufers von der anzukaufenden Hauptware fortziehe und sie auf einen für den Kauf ganz unwesentlichen Nebenvorgang, die Zugabe, lenke. Die Gefahr liege außerordentlich nahe, daß die zum Ankauf reizende Zugabe nur auf Kosten der Qualität der eigentlichen Ware geliefert werden könne und daß der Käufer diese in Wirklichkeit zu teuer bezahle. Mit Vorliebe werde deshalb von dem Zugabesystem bei Waren Gebrauch gemacht, bei denen es viele, nur schwer erkenbare Qualitätsunterschiede gebe, die leicht verschleiert werden könnten, ohne daß der Käufer dessen gewahr werde. Für den Käufer bedeute die Zugabe vielfach eine Verleitung zu unwirtschaftlicher Haushaltführung. Er werde sich bei der Auswahl der Ware und der Verkaufsstelle häufig durch die in Aussicht gestellte Zugabe bestimmen lassen und nur, um die Zugabe zu erlangen, Waren über den Bedarf und ohne Rücksicht auf ihre Beschaffenheit und Preiswürdigkeit anschaffen. Das gelte namentlich für die im Haushalt Angestellten, für die die Zugabe wie eine Bestechung wirke. Wie der Käufer durch das Gutscheinsystem unzweckmäßig an eine Verkaufsstelle gebunden werde, trete dasselbe auch für den Händler gegenüber dem Hersteller und Lieferanten der Ware ein. Daneben bringe das Zugabewesen eine überflüssige und unwirtschaftliche Inanspruchnahme von besonderen Lagerräumen sowohl beim Produzenten wie beim Händler mit sich. Es müsse zudem mit der Möglichkeit gerechnet werden, daß das sehr viel kapitalkräftigere Ausland sich Teile des deutschen Marktes mit dem Mittel der Zugabereklame erobern werde. Eine besonders unerwünschte Folge sei es auch, daß die Zugabewaren oft von nicht fachkundigen Persönlichkeiten eingekauft würden und daß dem branchekundigen Einzelhandel der Absatz eines Teils jener Artikel entzogen werde, die als Zugaben in die Hände der Verbraucher gelangten.

Wie das Gutachten des Vorläufigen Reichswirtschaftsrats vom 12. Mai 1930 — Drucksache des Vorläufigen Reichswirtschaftsrats Nr. 367 — ergibt, sind die gegen das Zugabewesen vorgebrachten Bedenken zum großen Teil gerechtfertigt. Dabei stehen zwei Momente im Vordergrund, die ein gesetzgeberisches Vorgehen geboten erscheinen lassen. Einmal trägt das Zugabesystem notwendig die Gefahr einer Übersteigerung in sich, die sich wirtschaftlich auf die Dauer höchst nachteilig auswirken muß. Da die Zugabe eine Reklameart darstellt, die stärker in die Augen springt als die Anschauungsreklame und gerade auf die breiten und weniger geschäftskundigen Massen Anziehungskraft ausübt, so muß damit gerechnet werden, daß mehr und mehr auch solche Firmen, die bisher von der Zugabenreklame keinen Gebrauch gemacht haben, gezwungenermaßen dazu übergehen, um sich der Konkurrenz zu erwehren. Damit wäre die Zuverlässigkeit des Geschäftsverkehrs in hohem Maße in Frage gestellt. Denn zweifellos würde ein Verkäufer den anderen mit dem Hinweis auf den hohen Wert seiner Zugabe zu übertrumpfen suchen und der Güte der Verkaufsware selbst immer geringere Aufmerksamkeit schenken, so daß eine Verschlechterung ihrer Qualität nicht ausbleiben könnte. Dann aber ist diese Reklameart deshalb zu beanstanden, weil sie das Publikum außerordentlich leicht über den Wert der eigentlichen Ware in Irrtum versetzt.

Das geltende Recht hat sich für die Bekämpfung der mit dem Zugabesystem zusammenhängenden Mißbräuche nicht als ausreichend erwiesen."

Ulmer (GuR. 1929 S. 838) führt zutreffend aus: „Will man die rechtliche Behandlung der Zugaben der Rechtsprechung allein überlassen, so würde ein reichsgerichtliches Urteil, das Zugaben auf Grund von § 1 WettbG. für unzulässig erklärt, auf diejenigen Wirtschaftskreise verhängnisvoll wirken können, die sich auf Zugaben eingestellt haben. Auf dem Gesetzgebungswege hat man die Möglichkeit, eine Übergangsfrist zu gewähren, innerhalb der die auf der Zugabengrundlage eingegangenen geschäftlichen Verbindlichkeiten erfüllt werden können und müssen.“ Der Entwurf enthält derartige Übergangsbestimmungen nicht. Man hat nie einen Übergang herzustellen, den Weg der Publikation des Entwurfs im Reichsanzeiger gewählt. Die Betroffenen haben bis zur Erlassung des Gesetzes die erforderliche Frist. Freilich besteht die Möglichkeit, daß das Gesetz *nicht* kommt. Diese Möglichkeit ist aber sehr gering einzusetzen, zumal in dieser Zeit der so beliebte Weg der Notverordnung beschritten werden kann. Immerhin: die gesetzliche Regelung ist einem Urteil des Reichsgerichts vorzuziehen, das, wie oben ausgeführt, auf der Linie des bereits beschrittenen Weges liegen kann; der gesetzlichen Regelung gegenüber hat ein solches Urteil auch den Nachteil, daß es ja doch keine allgemeine Regelung schafft. Man denke an die Entscheidungen über die Bezeichnung deutscher Biere als Radeberger Pilsner usw. Nach Jahren klagen die Pilsener Brauereien wiederum, und niemand weiß, wie das neue Urteil des RG. ausfallen wird.

Die Gegner des Zugabeverbots werden sich also vernünftigerweise mit der Regelung durch das Gesetz zufrieden geben. Der Entwurf spricht zwar ein Verbot der Zugabe aus, das jedoch Ausnahmen zuläßt — er stellt sich also nicht einseitig auf die Seite der Zugabefreunde, sondern schlägt eine mittlere Linie ein. —

Nach alldem rechtfertigt sich eine kommentarische Bearbeitung des Entwurfs, und zwar vor allem aus *praktischen* Gründen. Man wird sehen, daß der kurze und scheinbar einfache Entwurf eine ganze Fülle schwieriger Probleme aufstellt; deren Lösung hier versucht wird.

Berlin W 66.

Dr. *Wenzel Goldbaum.*

Inhaltsangabe

Literatur

1. Alexander-Katz, Dr. Günther, Moderne Fälle unlauteren Wettbewerbs 1929.
2. Baumbach, Dr. Adolf, Kommentar zum Wettbewerbsrecht 1929.
3. Becher, Dr. Carl, Kommentar zum Wettbewerbsrecht 1928.
4. Clad, Dr. Cloris, Zugabeunwesen in GüM. 1929 S. 843.
5. Finger, Chr., Reichsgesetz gegen den unlauteren Wettbewerb 1911.
6. Goldbaum, Dr. Wenzel, Handelsgesetzbuch und Gesetz gegen den unlauteren Wettbewerb 1930.
7. Huth, Friedrich, Gutschein-System und Zugaben-Unwesen 1929.
8. Lobe, Dr. Adolf, „Wertreklame" (Gutachten für den Schutzverband der Wertreklame).
9. Mintz, Maximilian, Eingabe betr. Zugabeunwesen, GüM. 1929 S. 700.
10. Pelka, Dr. Georg, Gegen das Zugabewesen, für ein gesetzliches Verbot 1929 (2. Aufl.).
11. Rosenthal, Dr. Alfred, Wettbewerbsgesetz 1930.
12. Utescher, E. A., Zugabewesen GüM. 1929 S. 827.
    Utescher, E. A., Wann ist Zugabenreklame („Wertreklame") unlauter? GüM. 1928 S. 532.
13. Werner, Dr. T., Der Kampf gegen die Entartung der Reklame, GüM. 1929 S. 164.

Entwurf des Zugabeverbots

§ 1.

Es ist verboten, im Einzelhandel neben einer Ware oder einer Leistung eine Zugabe (Ware oder Leistung) anzubieten, anzukündigen oder zu gewähren. Eine Zugabe liegt auch dann vor, wenn die Zuwendung nur gegen ein geringfügiges, offenbar bloß zum Schein verlangtes Entgelt geleistet wird.

Die Vorschriften im Abs. 1 gelten nicht:

a) wenn lediglich Reklamegegenstände von geringem Wert, die als solche durch eine dauerhafte und deutlich sichtbare Bezeichnung der reklametreibenden Firma gekennzeichnet sind, oder Kleinigkeiten ohne eigenen Verkehrswert gewährt werden;

b) wenn die Zugabe in einem bestimmten oder auf bestimmte Zeit zu berechnenden Geldbetrag besteht;

c) wenn die Zugabe zu Waren in einer bestimmten oder auf bestimmte Art zu berechnenden Menge gleicher Ware besteht;

d) wenn die Zugabe nur in handelsüblichem Zubehör zur Ware oder in handelsüblichen Nebenleistungen besteht;

e) wenn der die Zugabe Gewährende sich erbietet, an Stelle der Zugabe einen festen von ihm ziffernmäßig zu bezeichnenden Geldbetrag bar auszuzahlen. Bei den Angebot oder der Ankündigung einer solchen Zugabe ist auf das Recht, an Stelle der Zugabe den Barbetrag zu verlangen, hinzuweisen, sowie hinsichtlich jeder Zugabe der für sie zu zahlende Barbetrag anzugeben;

f) wenn die Zugabe in der Erteilung von Auskünften oder Ratschlägen besteht;

g) wenn im Zeitungs- oder Zeitschriftengewerbe gesetzlich zulässige Versicherungen zugunsten der Bezieher der Zeitung oder Zeitschrift übernommen werden.

Bei dem Angebot, der Ankündigung und der Gewährung einer der im Abs. 2 zugelassenen Zugaben ist es verboten, die Zuwendung als unentgeltlich gewährt (Gratiszugabe, Geschenk und dergl.) zu bezeichnen oder sonstwie den Eindruck der Unentgeltlichkeit zu erwecken. Ferner ist es verboten, die Zugabe von dem Ergebnis einer Verlosung oder einem anderen Zufall abhängig zu machen.

Verhältnis des Gesetzes gegen den unlauteren Wettbewerb zum Zugabeverbotsgesetz

Das Gesetz ist selbständig geordnet, d. h. es stellt sich nicht als eine Ausgestaltung der Vorschriften des UWG. dar. Es heißt zwar im § 2 Abs. 2:

> „Ansprüche, die wegen der Gewährung von Zugaben auf Grund anderer Vorschriften, insbesondere des Gesetzes gegen den unlauteren Wettbewerb, begründet sind, bleiben unberührt."

Daraus ergiebt sich aber nicht, daß § 1 UWG. auf die Gewährung von Zugaben Anwendung findet. Die Zugabe ist verboten, aber sie ist kein Verstoß wider die guten Sitten. Es ist also ausgeschlossen, daß auf Grund des § 1 UWG. jemand verurteilt wird, der in den durch § 1 Abs. 2 bestimmten Ausnahmefällen Zugaben gewährt.

Anders liegt es allerdings dann, wenn durch die Zugabe im Sinne der §§ 3 und 4 der Anschein eines besonders günstigen Angebots erweckt wird. § 1 E ist im Verhältnis zu diesen Vorschriften nicht das besondere Gesetz, das die Anwendung der allgemeinen Vorschrift ausschaltet. Ebensowenig wird für diese Fälle der § 263 StrGB. (Betrug) außer Kraft gesetzt. —

Fehlt so der äußere Zusammenhang mit dem UWG., so ist der innere doch in sehr starkem Maße gegeben: das Gesetz ist nur aus der Atmosphäre des UWG. zu verstehen. Deshalb bleibt die Behandlung der Zugabe auf Grund des UWG. für die Zukunft bedeutungsvoll.

Die Begründung nimmt zu dem „geltenden Recht" wie folgt kritisch Stellung:

„Das geltende Recht hat sich für die Bekämpfung der mit dem Zugabesystem zusammenhängenden Mißbräuche nicht als ausreichend erwiesen. In dieser Hinsicht ist in dem Gutachten des Reichswirtschaftsrats zutreffend dargelegt, daß die Vorschriften des § 1 des Gesetzes gegen den unlauteren Wettbewerb und die §§ 823, 826 BGB. eine genügend sichere Handhabe nicht bieten. Die Rechtsprechung hat auf dieser Grundlage darüber, ob und inwieweit die Gewährung von Zugaben gegen die guten Sitten verstößt, ausreichend feste Ergebnisse nicht zu zeitigen vermocht; Rechtssicherheit ist aber sowohl für die Gewerbetreibenden wie für das kaufende Publikum das erste Gebot. Das gilt gleicherweise für die Bewertung der gegen unrichtige und betrügerische Reklame gerichteten Vorschriften der §§ 3 und 4 des Wettbewerbgesetzes, soweit die Bekämpfung unlauterer Zugaben in Frage steht. Mit gutem Grund wird in dem Gutachten des Reichswirtschaftsrats auf die ungemeinen Schwierigkeiten hingewiesen, die sich für die Feststellung des vom Reichsgericht für die Lauterkeit von Zugaben aufgestellten Merkmals („Verkauf der eigentlichen Ware zu einem Preise, der sich innerhalb der Grenzen hält, in denen Waren von gleicher Art und Güte von Geschäften ähnlichen Ranges am gleichen Platz zur selben Zeit verkauft zu werden pflegen") regelmäßig ergeben. Die Preisbemessung ist eine dem einzelnen Gewerbetreibenden zu überlassende Frage der Kalkulation, die sich nach den besonderen Bedingungen, unter denen jeder Geschäftsbetrieb arbeitet, verschieden gestalten wird. Ein Eindringen in alle Einzelheiten der Preisberechnung beim zugabegewährenden Händler und seinen Konkurrenten wird deshalb in den seltensten Fällen durchführbar sein."

Demgegenüber muß darauf hingewiesen werden, daß der Vorwurf gegen das geltende Recht deshalb unbegründet ist, weil dieses Recht, nämlich das UWG., gegen das Zugabewesen gar nicht Stellung nehmen wollte. Es heißt darüber bei Finger (Komm. zum UWG. 4. Aufl.):

„Die Vorschläge, gegen Mißbräuche im Zugabewesen und der Rabattgewährung einzuschreiten, hat das Gesetz nicht beachtet. Insbesondere wurde die Unterdrückung des Gutscheinsystems befürwortet . . . Der Gesetzgeber ging jedoch zutreffend davon aus, daß die Gewährung von Rabatt oder sonstigen Vergünstigungen an den Käufer einer Ware uralten, nicht unlauteren Geschäftsgewohnheiten entspricht und namentlich dann, wenn es sich um die Gewährung von Vorteilen für geleistete Barzahlung handelt, sogar im Interesse sowohl des Handelsgewerbes, wie des Publikums liegt. Zu diesen unbedenklichen Geschäftsgebräuchen gehört ... im allgemeinen auch die Rabattgewährung in der Form von Rabattmarken, wie sie in vielen Geschäften, namentlich seit Einführung der Kontrollkassen, mehr und mehr Eingang findet. Ob die Rabattmarken in barem Geld oder in Waren eingelöst werden, kann grundsätzlich keinen Unterschied bedingen (Begründung 8).

Als unlauteres Geschäftsgebaren können ebensowenig die üblichen Zugaben von Waren in den Geschäftsläden der Kaufleute, die Lieferung von Bildern, wie sie den Packungen von Schokolade und anderen Waren beigefügt werden, oder ähnliche, in vielen Zweigen des Detailhandels verbreitete Vergünstigungen an die Kundschaft angesehen werden ... Die Verfolgung unredlicher Geschäftsformen auf diesem Gebiete muß daher dem gemeinen Recht überlassen werden. Hier kommt in erster Linie die Vorschrift in § 1 UWG., § 826 BGB. in Betracht. Sie gewährt die Möglichkeit des Einschreitens durch die Klage vor den bürgerlichen Gerichten, sofern die Art und Weise der Rabattgewährung gegen die guten Sitten verstößt (Begründung 9)."

Hiervon ausgehend hat das Amtsgericht Halle (seltsamerweise nicht auf Grund des § 1 UWG., sondern) auf Grund der §§ 1004, 823 BGB. Zugaben mit Eigenwert als nicht übliche und als sittenwidrige, schädigende Wettbewerbsmaßnahmen erklärt (GüU. 1928 S. 946). Das Landgericht hat das Urteil bestätigt (GüU. 1929 S. 1318).

Das OLG. Kiel hat eine Polemik gegen Wertreklame als gerechtfertigt bezeichnet: „Ware mit Zugabe kaufen, heißt sich selbst betrügen." (GüU. 1929 S. 364.)

Das OLG. Dresden erließ am 1. August 1930 folgendes bemerkenswertes Urteil gegen einen Lesezirkel, der neuen Abonnenten einen Gutschein von 8 RM. versprach, mit welchem sie in den verschiedensten Geschäften Waren aller Art beziehen konnten. Er verschaffte seinen Abonnenten einen billigen Mittagstisch, Theaterermäßigungen, verbilligten Erholungsurlaub. Das OLG. meint, der Beklagte nütze mit seinem Werbemittel den Leichtsinn einzelner Kreise dazu aus, ihnen Verpflichtungen von längerer Dauer aufzuerlegen. Das verstoße als Reklameauswuchs gegen den § 1 UWG."

Das Kammergericht sieht in der Zugabe ringfreier Zigaretten zu Markenzigaretten „zwecks Einführung" keine verschleierte Preisunterbietung (GüU. 1931 S. 200).

Das Reichsgericht (Zivilsachen) sieht in dem Verschenken von Losen keine sittenwidrige Reklame (GüU. 1930 S. 1205); ebensowenig in einem „Kinderwettbewerb". „Der

Kostenaufwand mit der sich daraus ergebenden selbstverständlichen Folge der Unmöglichkeit der wirtschaftlich Schwächeren, gleiches zu tun, bildet keinen Maßstab für die Grenze des Zulässigen, auch wenn dadurch zahlreiche Mitbewerber ihre wirtschaftliche Selbständigkeit verlieren müssen, so lebhaft das auch vom sozialen Standpunkt aus zu beklagen ist." (GüU. 1931 S. 279.)

Das *Reichsgericht* erklärt *grundsätzlich* in der *Entscheidung* vom 12. Juni 1931, daß die Vorteile, die ein buchhändlerisches Unternehmen seinen Dauerbeziehern gewährt — kostenlose Zusendung einer Zeitschrift, Theatervergünstigungen, Vorzugspreise für andere Bücher, billigen Erholungsaufenthalt, Auskunfterteilung in bezug auf Buchberatung — nicht einfach als „Zugaben" bezeichnet werden könnten. Das stehe außer jedem Zweifel (II 392/1930).

Der dritte Strafsenat des Reichsgerichts hat grundsätzlich entschieden, Zugaben könnten unter den § 4 UWG. fallen. Das Urteil betrifft die Lieferung von Kaffee mit Gutscheinen auf Tischgeschirre usw. Das RG. verbietet die Zugabe als solche nicht, erklärt aber als ausschlaggebend,

> „ob der Verkäufer seine Ware mit Zugabe zu einem Preise verkauft, der sich innerhalb der Grenzen hält, in denen Waren gleicher Art und Güte von Geschäften ähnlichen Ranges am gleichen Platz zur selben Zeit verkauft zu werden pflegen."

(RG. Str. Bd. 61 S. 62, 63.)

Darüber hinaus verbietet nun § 1 (wie das Amtsgericht Halle das getan hat) die Zugabe grundsätzlich, d. h. vorbehaltlich genau bestimmter Ausnahmefälle. Insofern ist eine gewisse Rechtssicherheit geschaffen. Durch die zugelassene Möglichkeit, nach den §§ 3, 4 UWG. Zugaben weiterhin abzuurteilen, wird jedoch eine starke Rechtsunsicherheit bleiben, die um so unerträglicher ist, als auch die Anwendung einer Strafrechtsnorm, nämlich des § 4 UWG. fernerhin zulässig erscheint; einer ausgesprochenen Blankettnorm, unter die alle möglichen Tatbestände neu gepackt werden können.

Ausländisches Recht

Hier muß vor allem das österreichische Bundesgesetz vom 29. Juni 1929 genannt werden, das ersichtlich dem deutschen Entwurf zum Vorbild (zum Zwecke der Rechtsangleichung) gedient hat, das aber als viel klarer erscheint. Es regelt das Verhältnis zum Bundesgesetz gegen den unlauteren Wettbewerb und beschäftigt sich vor allem ausdrücklich auch mit Verlosungen (vgl. GüU. 1929 S. 1188). Es lautet:

Bundesgesetz vom 20. Juni 1929, BGB. I. Nr. 227, betreffend das Verbot der Ankündigung von Zugaben (Prämien) zu Waren oder Leistungen.

Der Nationalrat hat beschlossen:

§ 1.

(1) Es ist verboten, im geschäftlichen Verkehre neben einer Ware oder Leistungen die unentgeltliche Gewährung einer besonderen Zuwendung (Zugabe, Prämie) in öffentlichen Bekanntmachungen oder in Mitteilungen, die für einen größeren Kreis von Personen bestimmt sind, anzubieten oder anzukündigen. Es ist belanglos, ob die Zuwendungen im vorhinein, gleichzeitig mit der Ware oder Leistungen, oder erst später gewährt werden, und ob sie in einer Ware oder in einer Leistung bestehen sollen.

(2) Als unentgeltlich im Sinne des Abschnittes 1 ist die Gewährung einer Zuwendung auch dann anzusehen, wenn die Zuwendung nur gegen ein geringfügiges, offenbar bloß zum Schein begehrtes Entgelt gewährt wird.

§ 2.

(1) Dieses Verbot (§ 1) gilt nicht für das Anbieten und die Ankündigungen von Zugaben der folgenden Art:

a) wenn die Zugabe in einem bestimmten oder auf bestimmte Art zu berechnenden Geldbetrage besteht und der Ware nicht beigefügt ist;

b) wenn die Zugabe in einer bestimmten oder auf bestimmte Art zu berechnenden Menge gleicher Ware besteht;

c) wenn die Zugabe in der Erteilung von Auskünften oder Ratschlägen besteht;

d) von Warenproben, wenn deren Ausfolgung nicht an die Abnahme von Waren bestimmter Menge oder bestimmten Wertes gebunden wird;

e) von handelsüblichem Zugehör zur Ware und von handelsüblichen Nebenleistungen;

(2) Soweit in dem Abschnitt 1 von Waren die Rede ist, findet er auch auf Leistungen sinngemäß Anwendung.

§ 3.

Wer dem Verbote zuwiderhandelt, wird von der politischen Bezirksbehörde mit Geld bis 5000 S bestraft. Ist der Täter wegen einer solchen Zuwiderhandlung bereits einmal bestraft worden, so kann an Stelle oder neben der Geldstrafe auf Arrest bis zu drei Monaten erkannt werden. Die Bestimmungen des § 19 des Bundesgesetzes vom 26. September 1923 BGB. I Nr. 531 gegen den unlauteren Wettbewerb finden entsprechende Anwendungen.

§ 4.

Wer dem Verbote (§ 1) zuwiderhandelt, kann unbeschadet der Strafverfolgung auf Unterlassung und bei Verschulden auf Schadenersatz in Anspruch genommen werden. Die Bestimmung der §§ 14 bis 18, 20 bis 24, 25, Abs. 4, 5, 6 und 26 des Landesgesetzes vom 26. September 1923 BGB. I Nr. 531 gegen den unlauteren Wettbewerb finden entsprechende Anwendung.

§ 5.

Wenn die neben einer Ware oder einer Leistung zu gewährende besondere Zuwendung (§ 1) von dem Ergebnis einer Verlosung oder einem anderen Zufall abhängig ist, so gelten nicht die Bestimmungen dieses Gesetzes, sondern die jeweiligen auf Grund der § 28 des Bundesgesetzes vom 26. September 1923 (BGB. I Nr. 531) gegen den unlauteren Wettbewerb erlassenen Vorschriften. Demnach wird insbesondere die Verordnung des Bundesministeriums für Handel und Verkehr vom 8. November 1924 (BGBl. I Nr. 401), womit gewisse glückspielartige Formen des Vertriebes von Waren oder Leistungen verboten werden, durch dieses Gesetz nicht berührt.

Über andere ausländische Regelungen vgl. Utescher GüU 1929 S. 838—839.

Begriffsbestimmung

Eine Begriffsbestimmung der Zugabe gibt Utescher:

> „Unter ‚Zugaben‘ sind Warenleistungen des Verkäufers zu verstehen, die dem Käufer unverlangt und ohne Sonderberechnung mit der Verkaufsware mitgeliefert werden.“

(GüU. 1929 S. 827).

Rosenthal (Komm. zum UWG. S. 167) bemüht sich nicht um eine Definition, sondern begnügt sich mit einem Sammelsurium von Zitaten aus Literatur und Judikatur. Auch Baumbach (Kommentar S. 204) läßt eine Begriffsbestimmung vermissen. Die von Utescher war bereits nach dem UWG. viel zu eng (die Zugabe kann auch in Leistungen bestehen; gewähren kann sie nicht nur der Verkäufer); nach dem Entwurf ist sie vollends unbrauchbar.

Nach dem Entwurf ist die Zugabe eine Zuwendung, die unentgeltlich erfolgt, und zwar im Einzelhandel.

Sie ist eine Zuwendung: d. i. also eine Vermögensverschiebung zugunsten des mit ihr Bedachten. Es muß sich also schon um einen Gegenstand handeln, der einen gewissen

Wert hat; d. h. also, der Erwerb dieses Gegenstandes mußte (außerhalb eines anderen Geschäfts, oder besser: unabhängig von einem anderen Gegenstand) für den Erwerber mit einem Geldaufwand verknüpft sein. Wenn der Verkäufer die gekauften Blumen in Papier eingewickelt und mit Bast umwunden erhält, so sind diese Gegenstände mangels eines Werts keine Zugabe; ebensowenig wenn der Käufer eine Karte bekommt, auf die er die Adresse schreiben kann.

Der Rabatt ist keine „Vermögensverschiebung, also keine Zugabe, sondern eine Preisstellung. Bisher wurden beide Arten der Werbung vielfach identifiziert und jedenfalls gleich behandelt. Grundsätzlich wurde der Rabatt (wie die Zugabe) für zulässig erklärt; in besonderen Fällen, die durch den Hinzutritt anderer Umstände zum bloßen Preisnachlaß charakterisiert waren, wurde als unlauterer Wettbewerb angenommen.

RGZ. Bd. 78 S. 197:

> „Die Gewährung eines Abzugs vom üblichen Ladenpreise als Rabatt bildet eine besondere Art der Preisstellung. Weder die Rabattgewährung an sich, noch auch die Gewährung des Rabatts durch sofortigen Abzug oder durch spätere Rückerstattung eines Teils des Kaufpreises, noch durch die Beschränkung des Rabatts durch bestimmte Voraussetzungen oder auf bestimmte Kundenkreise kann als gegen die guten Sitten verstoßend angesehen werden."

Andererseits wird aber auch folgender Grundsatz aufgestellt: „Wäre die Behauptung richtig, wonach die Beklagte ihre Ladenpreise erhöhte, um durch die Gewährung eines Rabatts von 10 v. H. ihre Preise gegenüber den Preisen der Konkurrenz als die billigeren erscheinen zu lassen, so würde sich die Beklagte allerdings einer wissentlich unwahren Reklame schuldig gemacht haben, weil sie in Wahrheit mit der Rabattgewährung nur den üblichen Kaufpreis, aber nicht einen niedrigeren als ihre Konkurrenz fordern würde, das hier in Betracht kommende Publikum aber in den irrigen Glauben versetzt hätte, sie verkaufe zufolge der Rabattgewährung zu ermäßigten Preisen."

Hier begegnen sich Rabatt und Zugabe — und so erklärt sich auch die gleichmäßige Behandlung —. Die Praxis hat an diesen Grundsätzen festgehalten. In einer jüngsten Entscheidung hat das Reichsgericht die Rabattmarken einzelner Fleischer unbeanstandet gelassen (MuW. 1931 S. 386).

Die bekannten Entscheidungen, welche den Rabatt bei Markenartikeln als unsittlich verdammen, beruhen auf einem hier fremden Gesichtspunkt, dem der Preisunterbietung, die gegenüber lückenlos durchgeführten Kartell- und Reverspreissystemen einen Verstoß wider die guten Sitten — „als planmäßige Ausbeutung fremden Vertragsbruchs" — angesehen wird. (Vgl. hierzu des Verfassers Aufsatz „Die Not der Zeit" in GuU 1931 S. 1053). Das Verbot der Zugabe beruht aber gerade auf dem Gegenteil: nämlich auf der Täuschung des Publikums, das glaubt, besonders vorteilhaft zu handeln, während es wirklich schlechter oder doch nicht besser fährt, als bei der Konkurrenz, die ohne Zugabe handelt.

Freilich kann der Rabatt Formen annehmen, die ihn als Zugabe erscheinen lassen. Dann fällt er unter das Verbot. Ich verweise auf die oben zitierten Entscheidungen des Oberlandesgerichts Dresden und des Reichsgerichts über den Lesezirkel, der den neu beitretenden Abonnenten einen Gutschein von 8 RM. zuwendet, mit dem sie in allen möglichen Geschäften verschiedenartige Waren einkaufen können. Wäre statt des Gutscheins bares Geld gegeben, dann liegt auch eine „Zugabe" vor (vgl. § 1 Abs. 2 b).

Einer besonderen Erörterung bedarf der sogenannte Treurabatt (Schutzskonto), den das Kartellgericht (unter dem Gesichtspunkt des § 9 der Verordnung gegen Mißbrauch wirtschaftlicher Machtstellungen) als volkswirtschaftlich berechtigt grundsätzlich anerkannt hat. „Der Treurabatt wird vom Kartell festgesetzt. Das einzelne Kartellmitglied wird durch den Kartellbeschluß verpflichtet, denjenigen Kunden den Rabatt zu gewähren, welche nur mit den Kartellmitgliedern abschließen ... Nur gegen das Kartell erwachsen Ansprüche des Kunden. Der Vertrag zwischen dem Kunden und dem Kartellmitglied über Leistung und Lieferung ist demnach zu trennen von dem Vertrage zwischen dem Kartell und dem Kunden über die Preisverpflichtung und den Treurabatt." (Vgl. des Verfassers „Kartellrecht und Kartellgericht", 2. Aufl., S. 151, 152.) Der Treurabatt hält sich demnach im Rahmen der Preisstellung. Es können hier aber Grenzfälle eintreten. Nach § 1 Abs. 2b sind freigestellt Zugaben in Geldbeträgen, die von vornherein bestimmt oder auf bestimmte Zeit zu berechnen sind. Das kann beim Treurabatt zutreffen. Es kann aber auch anders sein, nämlich, daß der Geldbetrag von vornherein nicht bestimmt, und daß er nicht der Zeit, sondern der Menge der Waren oder Leistungen nach bestimmbar ist, ohne daß jedoch diese Menge selbst bestimmt und nach Zeit bestimmbar ist. Gerade die freistellende Vorschrift beweist, daß gewisse Treurabattformen Zugabe im Sinne des Verbots darstellen können.

Über den komplizierten Fall der sogenannten zurückgestellten Rabatte" vgl. des Verfassers „Kartellrecht usw." S. 150 sowie Urteil des Reichsgerichts in MuW. XXV S. 243.

Die Umsatzbonifikation ist Zugabe, keine Preisstellung.

Zu bemerken ist hinsichtlich des Treurabatts und der Umsatzbonifikation, daß sie keine Erscheinungen des Kleinhandels, sondern des Großhandels sind, daß der Entwurf sie nicht trifft; wohl aber unterstehen sie grundsätzlich dem UWG.

Die Zuwendung im Rechtsgeschäft oder eine Rechtshandlung muß zwischen verschiedenen Subjekten spielen. Man kann sich selbst nichts zugeben. Indessen ist es manchmal eine Frage, ob verschiedene oder identische Subjekte vorhanden sind: man denke an den Fall der Muttergesellschaft und der Tochtergesellschaft. Eine Schuhwarengroßhandlung errichtet Filialen in Form besonderer Gesellschaften mit beschränkter Haftung. (Hier ist das Vermögen der Tochtergesellschaft wirtschaftlich identisch mit dem der Muttergesellschaft (vgl. RGZ. Bd. 108 S. 43). Nun scheidet ja derartiges für das Verbot aus, weil es sich hier um Großhandel dreht, nicht um Einzelhandel. Aber auch hier ist die Frage vom Standpunkt des UWG. zu erörtern. Wie ist ein Verhältnis eines Vereins oder einer Genossenschaft zu den Mitgliedern und Genossen? Hier kontrahieren verschiedene Rechtssubjekte miteinander, deren Rechtsbeziehungen jedoch kollektiv geregelt sind.

Das Zugabeverbot bezieht sich nicht auf den Großhandel. Man hat von dieser Erstreckung ganz bewußt Abstand genommen. Das heißt aber nicht, daß Zugaben im Großhandel immer erlaubt seien. Vielmehr fallen sie unter das UWG. Hier kann die Praxis die bisher von ihr aufgestellten Grundsätze weiter entwickeln. Bekannt ist, daß z. B. im Zigarettengroßhandel die Zugabe eine Rolle spielt: Decken, Tischbestecke usw. wurden bei gewissen Quantitäten mitgeliefert.

Was versteht man nun unter Einzelhandel? Die Abgabe (von Waren oder Leistungen) an die letzte Hand, an das Publikum.

Der Begriff des Einzelhandes bezieht sich an sich auf die Warenlieferung. Indessen kann der Begriff nach dem Wortlaut so eng nicht ausgelegt werden. Denn die zu liefernden Gegenstände können Waren oder Leistungen (z. B. Dienste) sein; auch kann die Zugabe in Waren oder Leistungen bestehen.

Handel mit Leistungen (Spedition z. B.) ist also Einzelhandel im Sinne des Zugabeverbots. Dagegen kann man im Einzelhandel nicht gleichsetzen dem Begriff „im geschäftlichen Verkehr" (laut § 1 UWG.). Der Begriff des Einzelhandels ist enger; er umfaßt nicht die (unter UWG. fallende) Tätigkeit des Rechtsanwalts, des Ingenieurs, des Arztes, des Zahnarztes, des Schriftstellers, des Wiederverkäufers. Nicht jede auf Erwerb gerichtete Tätigkeit fällt unter das Zugabeverbot, sondern nur die händlerische, das ist die vom Handelsgesetzbuch geregelte Tätigkeit:

die Anschaffung und Weiterveräußerung von beweglichen Sachen (Waren) oder Wertpapieren;

die Übernahme der Bearbeitung oder Verarbeitung von Waren für andere;

die Übernahme von Versicherungen gegen Prämie;

die Bankier- und Geldwechslergeschäfte;

die Übernahme der Beförderung von Gütern oder Reisenden zur See;

die Geschäfte der Frachtführer oder der zur Beförderung von Personen zu Lande oder auf Binnengewässern bestimmten Anstalten sowie die Geschäfte der Schleppschiffahrtsunternehmer;

die Geschäfte der Kommissionäre, der Spediteure oder der Lagerhalter;

die Geschäfte der Handlungsagenten oder der Handelsmäkler;

die Verlagsgeschäfte sowie die sonstigen Geschäfte des Buch- und Kunsthandels;

die Geschäfte der Druckereien. (§ 1 Abs. 2 HGB.)

Die Begründung bemerkt hierzu: „Das Verbot der Zugabe beschränkt sich nicht nur auf die Fälle des Verkaufs einer Ware. Die beim Zugabewesen hervorgetretenen Mißbräuche können ebenso in Geschäftsbetrieben eintreten, die bestimmte Leistungen für ihre Kunden gewerbsmäßig vornehmen (wie z. B. Färbe- und Reinigungsanstalten)."

Der Begriff des *Einzelhandels* im Sinne des Zugabeverbots ist nicht gleichbedeutend mit *Vollhandelsgeschäften*. Auch die Geschäfte des Kleingewerbes und des Handwerks im Sinne des § 4 HGB. fallen unter das Zugabeverbot.

Einzelhandel im Sinne des Zugabeverbotes erfordert also:

einen *Gewerbebetrieb*, der auf den Umsatz von *Waren*
oder *Leistungen* der im § 1 Abs. 2 HGB. genannten Art, an den *letzten Abnehmer gerichtet ist*.

Ein *Konsumverein*, der dem Zweck dient, die Ausgaben der Mitglieder durch billigere Einkäufe zu vermindern, hat keinen gewerblichen Charakter (vgl. des Verfassers HGB. und UWG. S. 14 und die dort zitierten Entscheidungen).

Ob das Gewerbe *stehend* oder im *Umherziehen* betrieben wird, ist ohne Bedeutung. Selbstverständlich fallen auch die *Versandgeschäfte* unter das Zugabeverbot.

Waren sind alle *beweglichen* Sachen, die Gegenstand eines Rechtsgeschäfts bilden können; insbesondere *Wertpapiere*, Lose, Bücher, Zeitschriften. In einzelnen Zweigen wird von der Zugabe besonders reichlich Gebrauch gemacht: bei Margarine, Kaffee-Ersatzmitteln, überhaupt Lebensmitteln.

Leistungen in Einzelhandel sind: Auskünfte der Auskunfteien, Färberei, Aufführungen der Theater, Darbietungen der Varietés, Vorführungen der Kinematographentheater, Photographie sowie die Entwicklung fremder Aufnahmen, Reparaturen (an Schuhen, Klavieren, sonstigen Gegenständen), Reinigung, Versicherung, Bankier- und Geldwechselgeschäfte, Transport, Spedition, Kommission, Lagerhaltung, Agentur- und Maklergeschäfte, Vermietung von Automobilen, Pferden, Druckerei, Inkasso, Lieferung von Licht und Strom usw.! Es scheiden aus: die Leistungen der Rechtsanwälte, Ärzte, Zahn- und Tierärzte, Notare, Ingenieure, Architekten, Schriftsteller, Künstler, Musiker, weil hier von Einzelhandel nicht gesprochen werden kann. Kunstausstellungen zählen aber hierher.

Zu den Leistungen im Einzelhandel muß man die Darbietungen der Sendegesellschaften rechnen, da man ja auch die Theateraufführungen hierher rechnet.

Die Leistung ist hier die Überlassung von Raum und Verkauf von Speisen und Getränken und Bedienung. Der Zeitungsverlag leistet das nicht. Allerdings darf das nicht zu Umgehungen des Verbotes führen. Würde also ein Kaffeegeschäft nicht selbst die Porzellantasse „gewähren", sondern den Kunden in den daneben liegenden Laden mit einer Anweisung auf die Kasse schicken, so würde in dieser Anweisung ein Anbieten und ein Gewähren der Zugabe liegen.

Dieselben Waren und Leistungen, die den Gegenstand der Geschäfte bilden, können auch Gegenstand der Zugabe sein. Es ist ja auch häufig so, daß die Zugabe durch Zuwendung gleicher Ware geboten wird.

Es arbeiten ganze Industrien Zugabeartikel: abgesehen von den reinen Reklameartikeln, wie Luftballons usw., kommen besonders Drucksachen (Kalender) und Porzellan- und Glassachen in Frage, Uhren, Webwaren, Hausgerät.

Der Entwurf sagt abstrakt: „Es ist verboten."

Wem ist verboten? Dem Einzelhändler, dessen Gewerbebetrieb in der Abgabe von Waren und Leistungen an das Publikum gegen Entgelt besteht. Gegen ihn richtet sich also das Verbot der Zugabe.

Dabei ist es zunächst gleichgültig, von wem er seinerseits die Zugabe bezieht. Er kann die Zugabe kaufen; sie kann ihm aber auch von dem Fabrikanten und von dem Grossisten zur Verfügung gestellt werden. Dabei ist wohl zu unterscheiden: die Frage, ob in einer derartigen Zugabe unlauterer Wettbewerb des Fabrikanten oder Grossisten liegt (was möglich ist), von der andern Frage, ob eine derartige Zuwendung, die weitergeleitet werden soll, ein Verstoß wider das Zugabeverbot zu erblicken ist.

Die verbotene Zugabe ist eine unerlaubte und (bei Vorsatz) eine strafbare Handlung. Der Fabrikant und Grossist kann also als Anstifter, Mittäter, Gehilfe verantwortlich gemacht werden.

Wenn es in einer Zeitungsannonce heißt, daß die Leser Schillers Werke umsonst bekommen, wenn sie den mitgedruckten Bestellschein einsenden, dann liegt keine Zugabe des Zeitungsverlages vor: Schillers Werke, die der Buchverlag ohne jede Anweisung des Zeitungsverlags liefert, sind keine Zugabe des Zeitungsverlages.

Dagegen ist der einzelne Käufer der Ware oder Erwerber einer Leistung niemals Anstifter, Mittäter, Gehilfe: er ist ja (neben dem Konkurrenten) gerade derjenige, der durch das Verbot geschützt werden soll. Zu seinen Gunsten ist es erlassen, kann sich also in keiner Weise gegen ihn selbst richten. Eine Klage auf Unterlassung oder Schadensersatz gegen die Kunden eines Warenhauses oder gegen die Abonnenten einer Zeitung, daß sie die Zugabe nicht in Empfang nehmen dürfen, ist also ausgeschlossen.

Insofern das Zugabeverbot den Wettbewerber oder den einzelnen Käufer schützt, stellt sich das Zugabeverbot als ein Schutzgesetz im Sinne des § 823 Abs. 2 BGB. dar. —

Das Zugabeverbot richtet sich gegen den Einzelhändler. Er kann eine natürliche Person sein oder eine juristische; eine Aktiengesellschaft, eine Kommanditgesellschaft auf Aktien, eine Gesellschaft mit beschränkter Haftung. Bei juristischen Personen haften neben der Gesellschaft deren gesetzliche Vertreter auf Unterlassung und Schadensersatz. Die juristische Person kann aber nicht bestraft werden; der Strafe unterliegen die natürlichen Personen, die für die Gesellschaft die Zugabe gewähren.

Gegen ausländische Einzelhändler richtet sich das Zugabeverbot nicht.., solange nicht, als ihre Tätigkeit nicht auf deutschem Gebiete stattfindet. Das ist der Fall, wenn z. B. ein französisches Versandgeschäft Zugaben nach Deutschland sendet oder in deutschen Blättern ankündigt.

Neben einer Ware oder einer Leistung des Einzelhändlers an das Publikum muß die Zugabeware oder Zugabeleistung dem Einzelkäufer zugewendet werden.

Es muß also zwischen der Ware (und Leistung), die den eigentlichen Gegenstand des Kaufes oder Leistungslieferungsgeschäft bildet, und der Zugabeware oder Zugabeleistung eine Beziehung bestehen, die eben die zweite Ware oder Leistung als Zugabe charakterisiert als Nebenleistung zu der Hauptleistung.

Fehlt diese Verbindung, dann kann von einer Zugabe keine Rede sein.

Bekannt sind die sogenannten Lockartikel, das sind Artikel, die unter Preis angeboten werden zu dem Zwecke, Kunden in das Geschäft zu locken, damit diese Kunden vor allem andere Waren kaufen, die nicht unter Preis angeboten werden. Das ist an sich kein unlauterer Wettbewerb. Er wird es dann, wenn in dem Publikum der irrige Glauben erweckt werden soll oder kann, das Geschäft als solches sei überhaupt ein so billiges wie diese einzelnen Artikel (§§ 1, 3 UWG.).

Bei Lockartikeln fehlt aber die durch das Wort „neben" hergestellte Beziehung. Die Lockartikel werden selbständig angeboten, selbständig verkauft und werden nicht neben andern Artikeln geliefert. Das gilt selbst dann, wenn diese Lockartikel unentgeltlich oder gegen ein geringfügiges, offenbar bloß zum Schein verlangtes Entgelt abgegeben werden. Wir kennen den vom Reichsgericht entschiedenen Fall der unentgeltlichen Abgabe von 1500 Losen durch ein Geschäft, das so Kunden in seine Räume ziehen wollte.

Die Beklagte hatte inseriert:

> „Wir verschenken kostenlos 1500 Lose an 1500 Damen am Dienstag, dem ... 1. Gewinn: Eine Nähmaschine, 2. Gewinn: Ein Modellkeid, 3. Gewinn: Eine Pelzkrawatte. Die Gewinne werden in unseren Schaufenstern ausgestellt. Ziehung am ..."

Dagegen wandte sich ein Wettbewerber auf Grund der §§ 1 UWG., 286 StrGB.

Das Reichsgericht begründet das abweisende Urteil wie folgt:

> „Aus der Zeitungsanzeige ergibt sich nichts dafür, daß auf die Damen, die zur Entnahme eines Loses in den Laden der Klägerin kommen, irgendwie ein Druck ausgeübt werden soll, um sie bei diesem Anlaß zum Ankauf einer dort geführten Ware zu bestimmen. Das Berufungsgericht stellt nicht fest, daß die Klägerin irgendwelchen Kaufzwang auszuüben beabsichtige." (GuR. 1930 S. 1205.)

Auch nach dem Zugabeverbot wäre dieser Fall nicht anders zu beurteilen: Die Lose wurden nicht neben einer anderen Ware oder Leistung gewährt. Kauften die Damen in dem Geschäft Ware, so bildeten die Lose keine Zugabe, da sie nicht neben dieser andern Ware gewährt wurden, sondern ganz unabhängig von ihnen. Die Losempfängerin brauchte nicht zu kaufen. Und ein Geschäft, das nur in der Zuwendung einer „Zugabe" (wenn man so sagen darf) besteht, ist kein verbotenes Geschäft. Die bloße Erwartung, daß die Kundinnen, welche Lose erhielten, werden auch Ware brauchen, stempelt diese Lose (und die darauf entfallenden Gewinne) nicht zu Zugaben.

Eine andere Auffassung würde ja zu unerträglichen Beschränkungen führen: man könnte z. B. den Warenhausbesitzern verbieten, Konzerte in ihren Geschäftsräumen während der Verkaufszeit zu veranstalten. Ein Konzert ist ja an sich eine Leistung im Sinne des Entwurfs: Die Teilnahme an Konzerten erfolgt üblicherweise unentgeltlich: es ist also ein Geldwert vorhanden. Mit diesen Konzerten will der Unternehmer Kunden herbeiziehen — aber niemand ist verpflichtet, nur auch einen Anzug, ein Automobil oder eine Krawatte zu kaufen oder auch nur die Noten der gegebenen Werke, weil er das Konzert gehört hat. Es fehlt also hier die vom Gesetz verlangte Beziehung. —

Diese Beziehung zwischen Hauptgegenstand und Nebensache muß gegenüber der Kundschaft *von vornherein* durch den Einzelhändler hergestellt sein: der Kunde muß wissen, daß er nur dann die *Zugabe* erhält, wenn er die Hauptsache erwirbt.

Die Zugabe muß *unentgeltlich* zugewendet werden. Die *entgeltliche* Zuwendung einer „Nebensache" ist keine Zugabe. (Daß ein *scheinbares* Entgelt nicht „zieht", ist bereits hervorgehoben worden.)

Das *Koppeln* ist also *nicht verboten*. Es kann jemand also erklären, daß er nur dann Strom liefert, wenn die Montage der betreffenden Maschinen gleichzeitig durch ihn erfolgt. (Ob bei Monopolen derartiges zulässig ist, ist eine andere Frage, die hier nicht interessiert.) Das ist keine *Zugabe*: eine Verpflichtung, die „Zugabe" *anzunehmen*, schließt den Charakter verbotener Zugabe aus.

Es darf aber auch kein *Anspruch* des Einzelkäufers auf Gewährung der Zugabe durch das Rechtsgeschäft *begründet* sein. Ist das nämlich der Fall, stellt sich nach der Ankündigung oder nach dem Abschluß der vom Kunden zu zahlende Preis als *Gesamtentgelt* für die Haupt- und Nebenware dar, dann erfolgt die Zuwendung nicht unentgeltlich. Denn sie erfolgt gegen Zahlung. Das muß aber deutlich zum Ausdruck gebracht werden; eine *stillschweigende* Vereinbarung des Gesamtpreises, der die Lieferung beider Waren deckt, genügt nicht.

Unter Umständen wird es Schwierigkeiten machen, aus einer Reihe von Leistungen oder Waren *eine* Leistung oder *eine* Ware als Hauptleistung oder Hauptware festzustellen. Wenn ein Verein seinen Mitgliedern Theatervorstellungen, Vorträge gewährt und außerdem eine monatlich erscheinende Zeitschrift bietet, deren Lieferung als unentgeltlich bezeichnet wird, so kommt es noch darauf an, ob die Lieferung der Zeitschrift im Verhältnis zu den Vorträgen „Nebensache" ist. Viele Mitglieder werden sie den Vorträgen vorziehen. Die Tatsache *allein* — und daß muß hervorgehoben werden —, daß eine Leistung oder Lieferung als unentgeltlich bezeichnet wird, macht sie noch nicht zur *verbotenen* Zugabe. Vielmehr muß eine Hauptware vorhanden sein und neben dieser Hauptware muß die andere Ware als Zugabe gewährt werden.

Hauptware und Nebenware (Leistung) dürfen auch nicht im Wahlverhältnis zueinander stehen, dergestalt, daß der Erwerber entweder die Ware (Leistung) A oder die Ware (Leistung) B wählen kann; sonst liegt keine Zugabe vor.

Es ist nicht nötig, daß die Hauptware im Verhältnis zur Zugabe wertvoller ist. Erinnert sei an den bekannten Hamburger Fall: ein Verlag annoncierte die Abgabe von Schillers Werken als gratis! Er lieferte auf entsprechendes Verlangen die sogenannte Broschur und berechnete für Verpackung und Porto die eigenen Kosten. Nach einem Fehlurteil bezeichnete das RG. in einer anderen Entscheidung derartiges Handeln als Verstoß wider das UWG. Davon abgesehen stellte sich in diesem Fall vom Standpunkte des Zugabeverbotes die Sendung als Hauptleistung dar: für diese wurden die Spesen verlangt. Daß es nur die wirklichen Spesen waren, ist bedeutungslos. Denn die Erstattung der Spesen ist ein Entgelt. Neben dieser Sendung wurde die Broschur unentgeltlich geliefert — nach der eigenen Erklärung des betreffenden Verlages (vgl. RG. GüR. 1930 S. 337 ff.).

Die Zugabe ist eine unentgeltliche Zuwendung einer Ware oder Leistung. Wird für die Ware oder Leistung nicht der übliche volle Preis, sondern ein Vorzugspreis bezahlt, dann ist die Zugabe nicht unentgeltlich. Nehmen wir an, daß ein Zeitungsunternehmen seinen Abonnenten verbilligte Eintrittskarten zu Theatern oder Varietés abgibt, dann ist die Besorgung unentgeltlich. Das ist aber nicht die Zugabe zur Hauptware, zur Zeitung. Zugabe ist das Theaterbillet, Varietébillett. Da dieses gegen Entgelt geliefert wird, fehlt das Moment der Unentgeltlichkeit.

Nehmen wir aber an, daß ein Zeitungsunternehmen seinen Abonnenten Theaterkarten (gegen ermäßigten Eintrittspreis) durch seine Botenfrauen ins Haus befördert, so muß diese Leistung (Transport) als Zugabe angesprochen werden.

Eine Zugabe liegt nur dann vor, wenn die unentgeltliche Zuwendung bedingt ist durch den Abschluß eines entgeltlichen Geschäfts über die Hauptware oder die Hauptleistung.

In diesem Sinne allerdings kann der Kunde einen Anspruch auf die Zugabe nicht begründen; bildet das Hauptgeschäft nur die Voraussetzung der Zugabe, dann ist die Zuwendung unentgeltlich, also verboten.

Gemäß § 516 BGB. ist eine Zuwendung, durch die jemand aus seinem Vermögen einen anderen bereichert, eine Schenkung, wenn beide Teile darüber einig sind, daß die Zuwendung unentgeltlich erfolgt. Gemäß § 518 BGB. ist zur Gültigkeit eines Vertrages, durch den eine Leistung schenkweise versprochen wird, die gerichtliche oder notarielle Beurkundung des Versprechens erforderlich.

Es ist wohl kaum anzunehmen, daß diese Form bei den Geschäften, bei denen Zugaben in Frage kommen, gewahrt wird. Geschieht es trotzdem, dann ist ein derartiger Akt, gemäß § 1 Abs. 1 nichtig, weil er gegen ein gesetzliches Verbot verstößt (§ 134 BGB.). Von Bedeutung können aber die §§ 516, 518 BGB. bei den Ausnahmen des § 1 Abs. 2 sein. Nur die Bezeichnung als Geschenk ist verboten; dagegen nicht die tatsächliche unentgeltliche Gewährung.

Die Zuwendung wird keine erlaubte dadurch, daß sie auf einem Umwege, über eine Verlosung oder ein Preisrätsel usw., gewährt werden soll. Denn auch die Einräumung einer Gewinnchance für den Abnehmer der Hauptware ist eine Zuwendung.

Bei den erlaubten Zugaben des § 1 Abs. 2 ist es verboten, die Zugabe von dem Ergebnis einer Verlosung oder einem andern Zufall abhängig zu machen.

Da die entgeltliche Zugabe nicht verboten ist, so ist auch die entgeltliche Abgabe von Losen oder die entgeltliche Teilnahme an einem Preisrätsel zulässig — vorausgesetzt, daß andere Vorschriften nicht entgegenstehen, worauf hier jedoch näher nicht eingegangen werden kann.

Verboten sind: Anbieten, Ankündigung, Gewährung. Die beiden ersten Arten der Reklame werden durch die dritte (die Gewährung) nicht konsumiert. Angebot und Ankündigung sind im Verhältnis zur Gewährung weder Versuch noch vorbereitende Handlung. Die Zugabe ist eine Art der Werbung. Und diese Werbung kann eben in den verschiedenen Formen sich abspielen. Diese Formen können kumulativ auftreten, aber auch ganz isoliert. Da diese sogenannte mit der Zugabe betriebene Reklame eine Wertreklame ist (im Gegensatz zur Publizitätsreklame in kostspieligen Annoncen, Prospekten, Mitteilungen durch Radio usw.), wird es viele Fälle geben, in denen ein Einzelhändler weder anbietet noch ankündigt, sondern nur gewährt. Der Kunde, der den Laden betritt, weiß vielfach gar nicht, daß er eine Zugabe erhält. Erhält er sie aber, dann steht nicht der einzelne Fall zur Aburteilung, vielmehr liegt in dem Gewähren ein allgemeiner Verstoß, der gegen den Willen des Bedachten gegen den Einzelhändler geltend gemacht werden kann (§ 2). Die Gewährung ist ein „Popularverstoß", der einen Popularanspruch auslöst.

Andererseits wird ja mit der Wertreklame vielfach die Publizitätsreklame verbunden: es wird annonciert, daß Zugaben gewährt werden. Das grundsätzliche Verbot richtet sich nunmehr dagegen.

Anbieten ist die Erklärung des Einzelhändlers gegenüber dem Kunden, daß er eine Zugabe gewähren wolle, und zwar, wie der Deutlichkeit halber noch einmal betont werden soll, eine unentgeltliche. Dieses Anbieten kann gegenüber dem einzelnen Kunden erfolgen; es kann auch einer Mehrheit gegenüber stattfinden; auch öffentlich. Das Zugabeverbot setzt aber ein öffentliches Anbieten nicht voraus.

Ebensowenig setzt der Begriff des Anbietens eine Offerte in dem strengen Sinne des Wortes voraus, dergestalt, daß damit eine rechtsgeschäftliche Offerte gemacht, durch deren bejahende Beantwortung das Geschäft zustande kommt.

Die Ausstellung von Zugabeartikeln im Schaufenster, auf dem Ladentisch, kann ein Anbieten darstellen.

Die Ankündigung ist die öffentliche Bekanntgabe, daß Zugabe gewährt werden solle. Diese Ankündigung kann in Zeitungen, Prospekten, im Schaufenster, auf dem Ladentisch erfolgen. Es genügen Mitteilungen, die für einen größeren Kreis von Personen bestimmt sind (vgl. §§ 3, 4 UWG.). Die Ankündigung wird vielfach mit dem Anbieten zusammenfallen: das hängt von dem Inhalt der Ankündigung ab.

Die Gewährung der Zugabe ist deren Hingabe: das heißt die Übergabe der Ware, die Einräumung der Leistung. Nun wird ja bei Zugaben vielfach mit Gutscheinen gearbeitet. Die Frage ist oben bereits kurz gestreift worden.

Wenn ein Kolonialwarenhändler Gutscheine ausgibt, nach denen bei einem gewissen Quantum des Bezugs der Kunde ein Pfund Schokolade bekommt, dann ist nach meinem Dafürhalten die Hingabe des Gutscheins die Zugabe. Ein „Ankündigen", ein „Anbieten", liegt nicht vor: weil ja hier bereits eine Zugabehandlung erfolgt. Würde man nämlich danach die Hingabe des Gutscheins nicht als Gewährung bezeichnen, dann käme man zu einem seltsamen Ergebnis. Gibt nämlich der Kunde die Gutscheine einem Dritten und läßt sich dieser die Schokolade geben, dann liegt keine Zugabe vor: die Schokolade wird ja dem Dritten nicht neben der Hauptware verabfolgt. Der Gutschein wird neben der Hauptware gegeben: er ist zwar keine „Ware", auch keine „Leistung", er ist auch so lange wertlos, als er nicht durch eine genügende Anzahl anderer Gutscheine komplettiert wird, aber er vermittelt doch den Erwerb der Zugabe.

Wann die Zugabe gewährt wird, ist gleichgültig. Das kann sofort bei Übergabe der Hauptware, bei Bewirkung der Hauptleistung erfolgen; das kann aber auch später geschehen; wenn z. B. das für die Zugabe erforderliche Quantum der Hauptware abgesetzt worden ist.

Wo die Zugabe gewährt wird, ist ebenfalls ohne Bedeutung. Es kann in den Räumen des Einzelhändlers wie anderswo geschehn: z. B. in dem Porzellangeschäft, das auf Anweisung des Einzelhändlers die Zugabeware ausfolgt.

Wer tatsächlich die Zugabeware durch körperliche Handlung dem Kunden übergibt, ist ebenfalls ohne Bedeutung insofern, als es gleichgültig ist, ob es der Einzelhändler persönlich tut oder eine andere Person, die von ihm angestellt ist oder die in seinem Auftrage handelt (vgl. hierzu auch § 2 Abs. 1 Satz 2). Gewähren ist eine Rechtshandlung.

Wem (neben der Hauptware oder der Hauptleistung) die Zugabeware übergeben oder die Zugabeleistung eingeräumt wird, ist insofern von Bedeutung, als durch eine Trennung die Beziehung der Hauptware zur Nebenware nicht zerstört werden darf. Diese Beziehung ist ohne weiteres gegeben, wenn der Kunde, der die Hauptware empfängt, gleichzeitig Empfänger der Zugabe ist. Sie wird auch nicht grundsätzlich zerstört, wenn die Zugabe einer anderen Person als der des Kunden gewährt wird, z. B. dem einkaufenden Chauffeur. Diese Person muß aber zu dem Kunden in Beziehung stehen — und die Zugabe muß dieser Person mit Rücksicht auf das Geschäft über die Hauptware gegeben werden.

Hier kann sich die Zugabe mit „Schmiergeld" berühren. Hausangestellte, insbesondere Köchinnen, Chauffeure, erhalten ja vielfach von den Lieferanten Zuwendungen, die nach dem bisher Vorgetragenen Zugaben sein können.

Der zweite Satz des § 1 beugt Umgehungen vor: eine (unentgeltliche) Zugabe liegt auch dann vor, wenn die Zuwendung nur gegen ein geringfügiges, offenbar bloß zum Schein verlangtes Entgelt gewährt wird.

Die Unentgeltlichkeit der Zulage ist natürlich nicht vorhanden, wenn ein Entgelt für die Zugabe von dem Kunden geleistet wird. Der für die Hauptware oder die Hauptleistung vereinbarte Preis scheidet hier aus: er wird nur für die Hauptware bezahlt und nicht auch für die Zugabe. Ist das nämlich nicht der Fall, zahlt der Kunde für die zur Gesamtleistung zusammengefaßte Haupt- und Nebensache, dann scheidet (wie wir oben gesehen haben) das Zugabeverbot überhaupt aus.

Das Zugabeverbot greift nun auch bei Entgeltlichkeit ein, und zwar unter drei Voraussetzungen:

1) Die Zugabe darf nur gegen das näher bestimmte geringfügige Entgelt gewährt werden.

   Liegt der Fall so, daß einzelne Kunden (die viel beziehen) die Zulage unentgeltlich erhalten, andere (die wenig beziehen) nur gegen das geringfügige Entgelt, dann liegt im Sinne des Verbots doch eine unentgeltliche Zugabe vor: eine Kombinierung der Fälle findet nicht statt.

2) Das Entgelt muß geringfügig sein. Geringfügig ist hier offenbar im objektiven Sinne gedacht, und zwar unabhängig vom Wert der Zugabe. Indessen wird man von dieser Beziehung doch nicht absehen können. Man kann den Begriff „geringfügig" objektiv nicht bestimmen. Was ist heute geringfügig? 10 Pfennige? 1 Reichsmark? Auf den Kunden kann man es schlechterdings nicht abstellen: denn man kann die Preise nicht im einzelnen danach bestimmen, ob der Kunde viel Geld hat oder wenig. Allerdings kennt der Kaufmann oft die Vermögenslage seiner Kundschaft. Und dieses Moment wird man also auch heranzuziehen haben.

Auch der Preis der Hauptware oder Hauptleistung kann mitsprechen. Macht jemand für 1000 RM. Einkäufe und soll er für eine Zugabe in Form eines Tischtuchs drei Mark bezahlen, so ist das geringfügig, wenn das Tischtuch zwanzig Mark wert ist. Ist das Tischtuch zwanzig Mark wert, dann sind die drei Mark geringfügig im Verhältnis zum Einkauf von 1000, nicht geringfügig im Verhältnis zu dem Preise des Tischtuchs von 20 Mark.

3) Mit Rücksicht auf die Schwierigkeit der Bestimmung des Begriffs — geringfügig —, gibt der Gesetzgeber noch eine Voraussetzung:

Dieses geringfügige Entgelt muß „offenbar bloß zum Schein" verlangt worden sein.

a) Dem Einzelhändler darf also nichts an dem geringfügigen Entgelt liegen. Sein Verdienst steckt in dem Geschäft über die Hauptsache. („Bloß")

b) „Zum Schein" verlangt der Einzelhändler das Entgelt für die Zugabe: d. h. also, in Wirklichkeit will er es gar nicht; er will aber den Anschein erwecken, als ob er die Zugabe nicht „verschenke".

c) Und um diesen Schein zu erwecken, „verlangt" er das Entgelt. Zahlt der Kunde von sich aus den (auf der Zugabe vermerkten) Preis, dann fehlt es an diesem Moment, dann gilt das Entgelt, auch das geringfügige, als echtes und wirkliches und nicht als scheinbares. Diese „Zugabe" ist nicht verboten, sondern erlaubt.

Dieses Verlangen kann in verschiedenen Formen ausgesprochen werden, mündlich oder schriftlich, auch durch konkludente Handlung. Das Auspreisen der Ware ist kein Verlangen. Das Entgegenehmen des Entgelts ist kein Verlangen.

Die Ausnahmen

Die Vorschriften im Abs. 1 gelten in einer Reihe genau bezeichneter Fälle nicht. Das heißt also: diese Zugaben sind nicht verboten. Daß in der *Handhabung* aber ein Verstoß gegen das UWG. liegen kann, ist selbstverständlich, nur müssen dann eben *besondere Umstände* vorliegen, welche diese Zugaben diskreditieren. Im übrigen sei auf das oben Bemerkte über das Verhältnis des UWG. zum Zugabeverbot verwiesen. Was die Ausschaltung des Abs. 1 Satz 2 bedeutet, ist schwer zu verstehen. Soll das heißen, daß in den Ausnahmefällen überhaupt keine Zugabe vorliegt? Die Bezugnahme auf Abs. 1 S. 1 stellt vom Verbote frei, aber doch nicht vom Begriff der Zugabe. Soll Satz 2 daran etwas ändern? Das ist nicht anzunehmen.

a) Die erste Ausnahme geht auf einen Antrag Borrmann und Genossen und auf den Vorschlag der Handelskammer Leipzig zurück (vgl. GüR 1929 S. 839, 845). Das österreichische Gesetz hat diese Ausnahme nicht. Gemeint sind die Dinge, von denen Utescher (l. c. S. 827) spricht: „Die älteste Erscheinungsform der Zugabe findet sich im Kleinhandel, wo sie auch heute noch allgemein verbreitet ist. Kinder, die allein oder in Begleitung einkaufender Erwachsener im Ladengeschäft erscheinen, erhalten, wenn der Kauf abgeschlossen ist, vielfach eine Süßigkeit oder sonstige Kleinigkeiten, wie z. B. Gummiluftballons, Papierfähnlein, Papierwindmühlen und sonstige Spiel- oder Scherzartikel (zumeist solche mit Reklameaufschrift als Angebinde überreicht." Man spricht hier von Kundenbelohnung.

Während im grundsätzlichen Zugabeverbot der Reklamegedanke vor dem Gedanken des richtigen Preises verschwindet, taucht er hier auf.

Freigestellt sind **Reklamegegenstände von geringem Wert,** aber auch diese nur unter der weiteren Voraussetzung, daß der Reklamecharakter deutlich hervortritt. Luftballons z. B. sind keine Kleinigkeiten ohne eigenen Verkehrswert, müssen also den Firmenaufdruck tragen. Ein Schildchen genügt nicht. Auf dem Ballon selbst muß deutlich zu lesen sein: „Tietz" oder „Wertheim" oder „Kaufhaus des Westens". Die Bezeichnung der reklametreibenden Firma braucht nicht dem Register zu entsprechen; die verkehrsübliche Bezeichnung genügt, z. B. „Mitropa". Fehlt eine der Voraussetzungen, dann ist die Zugabe nicht freigestellt, unterliegt dem Verbot und ist genau so zu behandeln wie eine echte Zugabe.

Kleinigkeiten ohne eigenen Verkehrswert sind einzelne Gegenstände, die nur in Mengen gehandelt werden, wie Bonbons, Bildchen in Zigarettenpackungen usw.

b) Die zweite Ausnahme greift dann ein, wenn die Zugabe in einem bestimmten oder auf bestimmte Zeit zu berechnenden **Geldbetrag** besteht. Man kann ja überhaupt darüber im Zweifel sein, ob Geld Ware oder Leistung im Sinne des Abs. 1 ist. Geld als Leistung im Einzelhandel auf der Seite des Verkäufers ist ja etwas höchst Unpersönliches. Aus der Ausnahme b ergibt sich jedoch, daß Geld als Leistung anzusprechen ist. Das österreichische Gesetz hat noch den Zusatz, daß der Geldbetrag der Ware nicht beigefügt ist.

Es ist oben bereits ausgeführt worden, daß der Rabatt (in Geld) keine Zugabe sei; vielmehr eine Preisstellung. Andererseits kann der Rabatt die Form der Zugabe annehmen, wie die Ausnahme b zeigt.

Der Fall, daß der Verkäufer dem Kunden Geld gibt, dürfte sehr selten sein. Daß er aber vorkommt, das zeigt der Fall des Lesezirkels, der entschieden worden ist. Die Urteile sind oben zitiert. Dieser Fall ist nur freigestellt, weil es sich um einen bestimmten Geldbetrag handelt. Dagegen trifft das Verbot den Fall, daß Rabatt auf die Warenmenge in Geldform gewährt wird. Die Abrede jedoch, daß der Kunde einen Geldbetrag von zwanzig Mark bekommt, wenn er ein Jahr Kunde gewesen ist, fällt unter die Ausnahme. Auch dieser Fall dürfte selten sein, da bei ihm der Verkäufer u. U. sehr schlecht abschneiden wird. Der Fall hat auch bisher keine Erwähnung gefunden. Vorgekommen ist die Ankündigung, daß, wer im Monat Mai einen Artikel kauft, den zweiten Artikel zum halben Preis erhält. Das ist jedoch nicht gemeint; eine Zugabe liegt hier überhaupt nicht vor. Die Geldzugabe in bestimmter oder zeitig bestimmbarer Höhe dürfte praktisch keine Rolle spielen. Anders dagegen die Ausnahme

c), die den häufigsten Fall trifft, daß die Zugabe zu Waren (nicht zu Leistungen!) in einer bestimmten oder auf bestimmte Art zu berechnenden **Menge gleicher Ware** besteht. Es werden ja vielfach Gutscheine ausgegeben, die in einer gewissen Anzahl den Anspruch auf eine bestimmte Quantität derselben Ware gewähren. Diese Gutscheine und die Gewährung der Ware darauf sind also freigestellt. Es muß sich aber um die gleiche Ware handeln. Das wird oft zu Zweifeln Anlaß geben. Ist genau dieselbe Ware genannt, d. h. von derselben Herkunft und derselben Qualität? Ist Stollwerkschokolade dieselbe Ware wie Sarottischokolade? Man wird die Frage verneinen müssen, damit aber die Ausnahme sehr verengen. Die Frage taucht ja bei allen Waren auf, bei Seifen wie bei Kaffee, bei Tabakwaren wie bei Textilien. Die beliebte Zugabe von Knochen bei Fleisch ist danach verboten. Darin liegt eine Überspannung, die der Verkehr ablehnen wird.

Eine wesentliche Erleichterung und Rücksicht auf alte Gewohnheiten schafft hier die Ausnahme

d), welche diejenige Zugabe freistellt, die nur in handelsüblichem Zubehör zur Ware (nicht zur Leistung) oder in **handelsüblichen Nebenleistungen** besteht.

Handelsübliches Zubehör ist nach der Begründung die Verpackung. Dies zeigt die Überspannung der Begriffe. Daß es einer besonderen Bestimmung bedarf, um die Tüte oder den Pappkarton als erlaubt erscheinen zu lassen, ist geradezu grotesk.

Das gleiche gilt von den sogenannten handelsüblichen Nebenleistungen, von denen die Begründung die unentgeltliche Zusendung der Ware hervorhebt. Es zeigt sich hier in Kleinkram gegen den kleinen Mann eine spartanische Strenge, die sich bei den Bestimmungen über die Pflichten von Vorständen und Aufsichtsräten und Gründern von Aktiengesellschaften mehr lohnen würde, dort aber zu vermissen ist.

Die Ausnahme

e) bezeichnet die Begründung als die wichtigste.

„Die Ausnahme unter e, die Zugaben zulassen will, wenn dem Käufer das Recht eingeräumt wird, statt der Zugabe einen bestimmten **baren Geldbetrag** zu verlangen, ist die praktisch wichtigste. Wie bereits hervorgehoben, ist für die Zulassung dieser Ausnahme der Gesichtspunkt maßgebend, daß bei der Einräumung eines Anspruchs auf einen baren Geldbetrag jede Unklarheit in der Preisberechnung für den Käufer schwindet. Dem Verkäufer soll es überlassen bleiben, den Barbetrag ziffernmäßig zu bestimmen, es steht deshalb in seinem Ermessen, ob er bei Festsetzung des Betrages von dem ihm selbst erwachsenen Erstehungspreis des Zugabeartikels ausgehen will oder von der Summe, die der Käufer im gewöhnlichen Geschäftsverkehr für den Erwerb des Zugabegegenstandes zahlen müßte. Der Verkäufer wird abzuwägen haben, was für ihn vorteilhafter erscheint, ob er es vorzieht, eine verhältnimäßig niedrige Schätzung der Zugabe in barem Geld vornehmen und damit den Wert des Zugabeartikels in den Augen des Käufers gering erscheinen zu lassen oder ob er mit einer höheren Schätzung die Zugabe als wertvoller hinstellen will, sich aber damit der Verpflichtung aussetzt, gegebenenfalls auch größere Barbeträge auf Verlangen des Käufers zahlen zu müssen. Um die nötige Sicherung des kaufenden Publikums herbeizuführen, ist es nötig, daß beim Angebot oder der Ankündigung einer Zugabe auf die Wahlbefugnis und auf die in Betracht kommenden Geldbeträge ausdrücklich hingewiesen wird."

In dieser Ausnahme tritt wieder der Leitgedanke der klaren Preisberechnung zutage.

Diese Ausnahme hebt im Grunde genommen das ganze Zugabeverbot wieder auf, indem sie dem Einzelhändler ein Mittel in die Hand gibt, das ihn in den Stand setzt, Zugabe zu gewähren. Allein dieses Mittel ist wiederum so beschaffen, daß der Einzelhändler es kaum benutzen wird. Die Fälle, die vor den Richter kommen werden, dürften sich durch die „Art" des sich Erbietens und des Hinweises hervorheben.

Unter den Voraussetzungen zu e sind Zugaben jeder Art gestattet.

Diese Voraussetzungen sind:

Der Einzelhändler muß sich erbieten, an Stelle der Zugabe einen festen von ihm ziffernmäßig zu bezeichnenden Geldbetrag bar auszuzahlen.

Wem gegenüber? Kündigt er die Zugabe **allgemein** an, dann muß er sich auch entsprechend erbieten. Ist das geschehen, dann bedarf es keines besonderen Erbietens dem einzelnen Kunden gegenüber mehr.

Verspricht er aber die Zugabe nur einzeln, dann muß er sich auch einzeln zum Geldersatz erbieten.

Es muß ein **fester Geldbetrag** sein. Angaben, wie „Selbstkostenpreis" oder „üblicher Preis" oder „ohne Gewinn", sind nicht genügend; auch prozentuale Angaben des Zugabewerts im Verhältnis zur Hauptware genügen nicht.

Der Geldbetrag muß in Reichsmark bezeichnet sein. Fremde Währungen sind nicht Geld. (Aber auch nicht Ware im Sinne des Zugabeverbots.)

Der Einzelhändler muß ihn ziffernmäßig bezeichnen: allgemein durch Plakate usw. oder besonders im Einzelfalle. Das kann natürlich auch durch Angestellte erfolgen, obwohl der Angestellte nicht die Zugabe gewährt. Allein, man wird ja nicht verlangen können, daß der Inhaber eines großen Kaufhauses mit jedem einzelnen Kunden verhandelt.

Erbietet sich nun der Einzelhändler zum Geldersatz, dann hat der Kunde ein Wahlrecht zwischen der Naturalerfüllung und der Geldleistung.

„**Bei**“ dem Angebot oder der Ankündigung ist darauf hinzuweisen. Es genügt also nicht, Zugaben in Prospekten anzubieten und den einzelnen Kunden auf das Wahlrecht hinzuweisen. Vielmehr müssen Angebot oder Ankündigung zeitlich und räumlich mit dem Hinweis verbunden sein. Man wird auch dieselbe Auftragsform verlangen müssen: erfolgt das eine durch Plakate, dann genügt der natürliche Hinweis nicht (etwa durch Lautsprecher in den Verkaufsräumen).

Schließlich verlangt der Gesetzgeber eine genaue Spezialisierung. Zugabe im Sinne der Ausnahme ist also jeder einzelne Gegenstand. Ob ein Service ein Gegenstand ist, kann fraglich sein. Man wird es jedoch annehmen, wenn es auch sonst zu einem Preis gehandelt wird.

Die Ausnahme

f) stellt bestimmte Zugaben frei. Man kann sagen: ohne inneren zutreffenden Grund.

„Die Ausnahme zu f ist in erster Linie mit Rücksicht auf das **Zeitungsgewerbe** aufgenommen worden. Erfahrungsgemäß erteilen Zeitungen, ganz besonders die Fachzeitungen, den Beziehern häufig kostenlos Auskünfte und Ratschläge; in manchen Fällen ist diese Auskunfterteilung geradezu die Voraussetzung für die Aufnahme und Aufrechterhaltung des Bezugs. Die Ausnahme ist indessen nicht auf den Fall des Zeitungsgewerbes beschränkt, sondern allgemein gefaßt, da es im Einzelhandel häufig begegnet, daß die Verkäufer von Gebrauchsgegenständen den Käufern eine nähere unentgeltliche Unterweisung über den Gebrauch des Gegenstandes zusichern. Mögen solche Unterweisungen auch zumeist handelsüblich sein (zu vgl. Ausnahme unter d), so soll die Vorschrift unter f doch zweifelsfrei feststellen, daß alle Fälle der Auskunfterteilung ohne Rücksicht auf die Frage ihrer Handelsüblichkeit von dem Zugabenverbot ausgenommen sind.“ (Begr.)

Warum z. B. die Rechtsauskünfte der Zeitungen privilegiert sind, ist nicht einzusehen. Ohnehin genießt das Zeitungsgewerbe die Vorteile des Zugabeverbots, da dieses die Wortreklame von der Konkurrenz der Wertreklame befreit.

Andererseits liegt eine theoretische Überspannung darin, daß nun jede Auskunft als Zugabe angesehen werden soll.

g) Zu dieser Ausnahme bemerkt die Begründung:

„Die Ausnahme unter g betrifft **Versicherungsgeschäfte,** die von Zeitungs- und Zeitschriftenunternehmungen zugunsten der Bezieher der Zeitungen oder Zeitschriften abgeschlossen werden, und berücksichtigt damit eine Gepflogenheit im Zeitungsgewerbe, die zu wirtschaftlichen Schäden bisher nicht geführt hat. Voraussetzung ist dabei, daß es sich um gesetzlich zulässige Versicherungen handelt, insbesondere also um solche, die vom Reichsaufsichtsamt für Privatversicherung oder der sonst zuständigen Stelle genehmigt worden sind.“

Der Absatz 3 bezieht sich nur auf die Fälle des Abs. 2. Ist die Zugabe nach Abs. 1 überhaupt verboten, dann kann sie nicht noch einmal deshalb verboten sein, weil sie von dem Ergebnis einer Verlosung abhängig gemacht oder weil sie als Gratiszugabe bezeichnet wird.

Der Abs. 2 behandelt zwei vollständig verschiedene Verbote.

Der erste Satz verbietet die **Bezeichnung Gratiszugabe,** Geschenk usw. Verteilt also ein Einzelhändler Theaterbilletts als Zugaben, dann dürfen diese Billetts den Aufdruck „Freikarte“ nicht tragen. Wird das Verbot überschritten, d. h. wird der Anschein der Unentgeltlichkeit hervorgerufen, dann ist die betreffende Zugabe z. B. von Kleinigkeiten ohne eigenen Verkehrswert keine unerlaubte. Es liegt kein Verstoß gegen Abs. 1 vor, vielmehr ist Abs. 2 verletzt.

„1 Paar Gläser für Sie umsonst. Im Werte von M. 8 bis M. 225 nach Ihrer Wahl. Bitte ausschneiden und aufheben. Jeder Vorzeiger dieses Inserats erhält bis zum 31. Dezember beim Einkauf von Brillen und Kneifern, die unter unsere Garantie fallen, eine Extragarantie auf Bruch von Gläsern“ — enthält nach RGMuW. 1923 S. 94 — keine unrichtige Angabe im Sinne des § 3 UWG.

Nach der hier erörterten Bestimmung ist diese Ankündigung einer Zugabe verboten; wenn man die Garantiezusage als Zugabe, auch wenn man sie als handelsübliche Zugabe bezeichnet.

Der zweite Satz verbietet, die Zugabe von dem Ergebnis einer **Verlosung** oder einem andern Zufall abhängig zu machen.

Gemeint sind selbstverständlich nur die Zugaben des Abs. 2. Denn andere Zugaben sind gemäß Abs. 1 überhaupt verboten. Von anderen Umständen darf die Gewährung der Zugabe abhängig gemacht werden. So z. B. von einer Tätigkeit des Kunden, die etwa in der Werbung neuer Kunden bestehen kann. In diesem Falle kann es sogar zweifelhaft sein, ob eine Zugabe vorliegt. Sie wird hier nicht neben der Hauptsache gewährt, sondern für eine Tätigkeit und deren Erfolg: für die erfolgreiche Werbung eines Kunden. Ob etwas derartiges aus anderen Gründen beanstandet werden könnte, mag hier ganz dahingestellt bleiben.

Die Beantwortung der Frage, ob in solchem Falle eine Zugabe vorliegt, hängt von den Umständen des einzelnen Falles ab. Tatsache ist, daß der Kunde die Zugabe nur erhält, wenn er etwas leistet, also wirbt, und zwar mit Erfolg. Hier bekommt der Kunde die Zugabe nicht unentgeltlich, sondern für seine erfolgreiche Tätigkeit. Es ist ja nicht erforderlich, daß das Entgelt in Geld besteht, es kann auch in Waren oder Leistungen bestehen. Der Umstand, daß nur der diesen „Lohn" erhält, der Ware oder Leistung von dem Einzelhändler bezieht, ändert an dem Gesagten nichts. Daraus ergibt sich nicht, daß dieser „Lohn" „neben" der Hauptware oder Hauptleistung gewährt wird. Allerdings muß die Leistung des Kunden so vereinbart sein, daß der Kunde gegen diese Leistung die Belohnung erhält. Ist es so, daß dem Kunden sogleich neben der Ware oder Leistung die andere Ware oder Leistung gewährt wird und daß es seinem Belieben überlassen bleibt, ob er werben will oder nicht, dann muß man allerdings annehmen, daß die Zugabe „neben" der Hauptware gewährt wird.

Die **Verlosungen** und **Preisausschreiben** haben der Rechtsprechung schon viele Schwierigkeiten bereitet. Am radikalsten hat sich das Kammergericht geäußert, insofern, als es die Tombola während einer Modenveranstaltung als Verstoß gegen die guten Sitten ablehnte (vgl. Blätter für Rechtspflege 1929 S. 4). Die Entscheidungen des RG. über die unentgeltliche Verteilung von 1500 Losen an Damen (ohne Kaufzwang) ist oben bereits zitiert worden. In andern Entscheidungen hat das RG. die „Entfesselung der Spielleidenschaft" (wie sich Rosenthal etwas geschwollen ausdrückt, S. 158) als unerlaubtes Reklamemittel bezeichnet. Diese moralische Haltung wirkt gegenüber der Tatsache der staatlichen Lotterie — und den hundert andern erlaubten Lotterien — stark grotesk (RG. JW. 1928 S. 1210).

Die Mitteilung, daß in 1110 Nähseidenröllchen Gutscheine über Geldbeträge „versteckt" seien (RG. JW. 1928 S. 1210), enthält die Ankündigung einer Zugabe. Zutreffend weist Günther Alexander-Katz (l. c. S. 51) darauf hin, daß der Fall schon in das Gebiet des Zugabewesens führe.

Mit dem **Schneeballsystem** (und ähnlichen) ist die Rechtsprechung fertig geworden. Ob derartige Systeme unter das Zugabeverbot fallen, hängt davon ab, ob der Charakter der unentgeltlichen Zugabe durch die Auferlegung einer Werbepflicht und eines Werbeerfolges im konkreten Fall gewahrt ist.

Das RG. hat die Zuführung neuer Käufer als Zufall gewertet. (RGStr. Bd. 60 S. 250 ff., Günther Alexander-Katz l. c. S. 47 ff.)

Zivilrechtliche Folgen des Verstoßes

§ 2.

Wer den Vorschriften des § 1 zuwiderhandelt, kann von jedem, der Waren oder Leistungen gleicher oder verwandter Art wie die Haupt- oder Zugabeware (oder -leistung) herstellt oder in den geschäftlichen Verkehr bringt, sowie von Verbänden zur Förderung gewerblicher Interessen, soweit sie als solche in bürgerlichen Rechtsstreitigkeiten klagen können, auf Unterlassung in Anspruch genommen werden. Ist die Zuwiderhandlung im Geschäftsbetriebe von einem Angestellten oder Beauftragten vorgenommen worden, so ist der Unterlassungsanspruch auch gegen den Inhaber des Betriebes begründet.

Wer vorsätzlich oder fahrlässig gegen die Vorschriften des § 1 verstößt, ist zum Ersatz des durch die Zuwiderhandlung entstehenden Schadens verpflichtet.

Ansprüche, die wegen der Gewährung von Zugaben auf Grund anderer Vorschriften, insbesondere des Gesetzes gegen den unlauteren Wettbewerb, begründet sind, bleiben unberührt.

„Wer“ kann gegen das Zugabeverbot verstoßen? Der **„Einzelhändler“**:
also der Verkäufer von Waren oder „Hersteller“ von Leistungen; auch derjenige, der die Waren nicht verkauft, sondern gewerbsmäßig gegen Entgelt zur Verfügung stellt, fällt unter das Gesetz, z. B. also der Verleger, der Aufführungsmaterial für Theateraufführungen vermietet. Wenn ein Bühnenverleger das Aufführungsrecht an einem Theaterstück gegen prozentuale Beteiligung dem Theaterunternehmer überläßt, das Aufführungsmaterial „gratis“ liefert, so kann darin ein Verstoß gegen den § 1 erblickt werden. Ergibt sich aus dem Aufführungsvertrag die Pflicht zur Lieferung des Materials, dann liegt eine Zugabe nicht vor, auch wenn ein besonderer Preis nicht vereinbart wird. In derartigen Fällen wird es vielfach darauf ankommen, ob eine „handelsübliche Nebenleistung“ vorliegt.

Die Zuwiderhandlung kann auch in der Unterstützung eines Einzelhändlers durch den Täter erblickt werden. Wenn Zugaben in einer Zeitung angekündigt werden, dann können Verlag und verantwortlicher Redakteur neben dem annoncierenden Einzelhändler auf Unterlassung in Anspruch genommen werden.

Das gleiche gilt von Angestellten.

Die juristische Person kann gegen den § 1 handeln.

Die Zuwiderhandlung setzt kein **Verschulden** voraus: weder Vorsatz noch Fahrlässigkeit. Das ergibt mit wünschenswerter Deutlichkeit Abs. 2, der Vorsatz oder Fahrlässigkeit zur Voraussetzung der Schadensersatzklage macht. Darin liegt keine Bestätigung der Meinung, die das subjektive Moment der Schuld aus dem § 1 UWG. eliminieren wollte; sondern eine Ablehnung. Das Zugabeverbotsgesetz trennt die Unterlassungsklage von der Schadensersatzklage, behandelt sie in getrennten Absätzen. Eine Schadensersatzpflicht ohne Verschulden widerspricht jedem natürlichen Rechtsempfinden: da nun § 1 UWG. die Unterlassungsklage mit der Schadensersatzklage zusammenspannt, so kann man für die Unterlassungsklage keine andern Voraussetzungen aufstellen als für die Schadensersatzklage, meist also auch für die Unterlassungsklage Verschulden fordern.

§ 2 Abs. 1 beschränkt sich auf die objektive Zuwiderhandlung gegen das Zugabeverbot.

Aktiv legitimiert zu der Unterlassungsklage ist

a) jeder, der Waren oder Leistungen gleicher oder verwandter Art wie die Hauptware herstellt oder in den geschäftlichen Verkehr bringt,

b) der Hersteller der Zugabeware oder -Leistung (sowie der, der sie in den geschäftlichen Verkehr bringt),

c) die klagberechtigten Verbände zur Förderung gewerblicher Interessen.

Waren (und Leistungen) gleicher oder verwandter Art bilden die Voraussetzung der Aktivlegitimation. Man kann nicht sagen, daß der Gesetzgeber sich hier als hervorragender Beherrscher der Sprache bewiesen habe. Es fehlen dieselben Waren. Man kann aber annehmen, daß auch der Hersteller (und Verbreiter) derselben Waren aktiv legitimiert ist. In den §§ 5, 9 des Warenbezeichnungsgesetzes heißt es: „für dieselben oder für gleichartige Waren“. Gemeint ist hier dasselbe. Rein sprachlich ist die verwandte Art eine andere als die gleiche Art; praktisch wird es auf dasselbe hinauskommen. Man kann verschiedene Waren (oder Leistungen) auf eine Art zurückführen: Äpfel, Birnen, Kirschen, Apfelsinen auf die Art „Obst“. Welche Arten von Waren sind nun der Art „Obst“ verwandt? Gemüse? Wein?

Andrerseits kann man auch die Praxis zu den vorgenannten Bestimmungen des Warenbezeichnungsgesetzes nicht einfach übernehmen: der Zweck der Gesetze ist verschieden. Beim Zugabeverbot handelt es sich nicht darum, ob Verwechselungen und Täuschungen entstehen können; es ist also hier ganz gleichgültig, ob die Annahme hervorgerufen werden kann, die Waren (Leistungen) entstammten demselben Geschäftsbetriebe.

übernehmen kann man (immer unter Berücksichtigung des verschiedenen Zwecks) den Grundsatz: „Entscheidend ist die Auffassung der beteiligten Verkehrskreise“. (Pinzger-Heinemann, „Das deutsche Warenzeichengesetz“ S. 99.)

Es kommt nicht auf die Herkunft der Waren an, nicht auf die Fabrikationsstätte und nicht auf die Verkaufsstelle; von Ausnahmen abgesehen (Chinakunst z. B.).

Wohl aber auf die stoffliche Substanz und auf den Verwendungszweck. Hierbei wird man die Praxis des Warenzeichensgesetzes heranziehen können. Es sei auf die Gleichartigkeitsübersicht bei Busse, „Das Gesetz zum Schutze der Warenbezeichnungen“ (1925) S. 123 ff., hingewiesen (vgl. hierzu noch Seligsohn „Warenzeichenrecht“ (1925) S. 100 ff. Pinzger-Heinemann (1926) S. 100 ff.).

Verwandte Leistungen sind Spedition und Lagerhaltung, Zeitschriftenlieferung und Annoncenexpedition; die Theatervorstellung ist der Kinovorführung „verwandt“. Der Hersteller der Waren (und Leistungen) ist aktiv legitimiert, also der Fabrikant.

Wenn dem Fabrikanten der Hauptware die Klagebefugnis eingeräumt wird, so ist das in keiner Weise gerechtfertigt. Der Fabrikant verkauft die Ware zu dem von ihm in freier Vereinbarung festgesetzten Preis, und der Erwerber kann mit dieser Ware machen was er will. Was geht es den Fabrikanten an, wenn der Erwerber mit Zugabe verkauft? Etwas anderes wäre es noch, wenn der Großhandel in das Zugabeverbot einbezogen worden wäre. Das ist aber, wie wir gesehen haben, nicht der Fall. Man kann diese Aktivierung des Fabrikanten nur so erklären, daß der Gesetzgeber im Augenblick der von ihm öffentlich proklamierten **Preissenkungsaktion** auf Umwegen selbst diese Aktion ins Gegenteil kehrt: ein Vorgang, über den man in diesen Zeiten werkwürdiger Notverordnungen sich nicht wundern wird. Man will nämlich mit der Aktivierung des Fabrikanten seinen Einfluß auf die Preisgestaltung stärken. Das heißt also: die Diktatpreise der Industrie werden geschützt. Wir wissen, daß eine nicht mehr ertragbare Rechtsprechung die diktierten Markenartikelpreise auf dem Umweg über die guten Sitten der §§ 1 UWG., 826 BGB. gegen die Not, den Hunger, das Elend der großen Massen für „allgemein verbindlich erklärt“ und unter rigorosen Freiheitsstrafen durchsetzt. Ich zeige hier auf die Urteile des 31. Zivilsenats des Kammergerichts, die einen selbstgeschaffenen Begriff der guten Sitten (der abweicht von dem des 9. Zivilsenats des Kammergerichts und dem des OLG. Celle) benutzen, um den diktierten Preis hoch über den freien Markt zu halten, und ihn so den Einflüssen von Angebot und Nachfrage entheben — zum Nutzen der Fabrikanten, zum Schaden der Allgemeinheit. Gibt man dem Fabrikanten nun noch das Klagerecht, gegen wirkliche oder scheinbare Zugaben einzuschreiten, dann kann das nur den (soeben angedeuteten) Sinn haben, seine Machtposition noch zu stärken.

Anders liegt es vielleicht bei den Fabrikanten der Zugabewaren. Hier besteht ein gewisses Interesse des Fabrikanten, vorgehen zu können. Nehmen wir an, ein Buch — sagen wir die „Buddenbrooks" — würden von einer Margarinefabrik als Zugabe gewährt, so läge darin zweifellos eine schwere moralische Schädigung des Autors und des „Herstellers", nämlich des Verlegers. Das würde das Werk diskreditieren — wie die Verramschung. Dasselbe gilt (in geringerem Maße als bei Urheberwerken) von andern Waren: ein Kaffeegeschäft fügt jeder Kilokaffeepackung als Zugabe Füllfederhalter bei. Nun weiß man, daß Zugabeware keine Qualitätsware zu sein pflegt. Dieses (berechtigte oder unberechtigte) Vorurteil überträgt sich auf die betreffende Ware oder gar auf alle Waren dieser Fabrik.

Der Wahrung dieses berechtigten Interesses dienen das Gesetz gegen den unlauteren Wettbewerb, die §§ 1004, 826 BGB. Das Zugabeverbot dient andern Zwecken. Wenn also die Begründung sagt: „dann ist es von Wichtigkeit, daß auch die durch die Gewährung von Zugabeartikeln benachteiligten Spezialgeschäfte, die solche Artikel als Hauptware vertreiben, sich gegen diese Beeinträchtigungen wehren können" — so ist das ganz richtig. Richtig ist aber auch, daß in das Zugabeverbot ein wesensfremdes Interesse hineingetragen wird. —

Es genügt vollständig, wenn diejenigen aktiv legitimiert sind, welche die Hauptware und Zugabeware (als Hauptware) vertreiben, die Leistungen bewirken. Eine Änderung des Entwurfs in dieser Hinsicht ist wünschenswert.

Der Händler, der mit Zugabe gewährenden Einzelhändlern in Wettbewerb steht, wird (im Anschluß an § 13 UWG.) definiert als derjenige, der die Ware (oder Leistung) in den **„geschäftlichen Verkehr bringt"**. Diese Ausdrucksweise ist wenig glücklich. Der Begriff „In den Verkehr bringen" hat schon im § 8 des alten Opiumgesetzes und im § 1 das Lichtspielgesetzes Schwierigkeiten gemacht. Man kann nämlich sagen, daß man eine Ware nur einmal „in" den Verkehr bringen kann — so wie man ein Bühnenwerk nur einmal uraufführen kann. Aus dieser Auffassung würde sich ergeben, daß die späteren Besitzer der Ware (also alle diejenigen, die nach diesem Zeitpunkt über die Ware verfügen) nicht aktiv legitimiert sind. Ja, man könnte sogar soweit gehen zu sagen, daß der Fabrikant, der die Ware dem Grossisten abgibt, diese „in den geschäftlichen Verkehr bringt", so daß für eine Klage aller Späteren kein Raum wäre. Das ist nun zweifellos nicht der Sinn der Vorschrift, wohl aber die Bedeutung des Wortlauts. Die Vorschrift ist also dahin auszulegen, daß jeder Einzelhändler, jeder Grossist die Ware „in den geschäftlichen Verkehr bringt“ (vgl. § 10 des neuen Opiumgesetzes). Der Begriff umreißt eine Rechtshandlung: den Gewahrsamwechsel (vgl. RGStr. Bd. 43 S. 10) auf Grund eines Abgabegeschäfts. Der Abschluß von *Verträgen* (z. B. eines Verkaufs) ist kein „In den Verkehr bringen“. Das gilt insbesondere von *Vermittlungsverträgen*. (Falsch: Rosenthal § 13 Note 7.)

Andrerseits genügt nicht die ortsverändernde Handlung: denn sonst müßte man annehmen, daß die *Post*, der *Spediteur* in den Verkehr bringt, daß also auch sie aktiv legitimiert sind, was zweifellos nicht zutrifft. —

Die **Verbände zur Förderung gewerblicher Interessen** sind wie im § 13 UWG. so auch hier klageberechtigt (vgl. hierzu die Anmerkungen zu § 13 im Kommentar des Verfassers zum HGB. und UWG. S. 888, 889).

Da nach der Vorschrift eine **Unmenge klageberechtigter** Personen den Unterlassungsanspruch geltend machen können, muß die Frage nach dem **Rechtsschutzinteresse** aufgeworfen werden, wenn *mehrere* Klagen auf Unterlassung angestrengt werden. Ich verweise in dieser Hinsicht auf meine Ausführungen in dem Kommentar zum HGB. und UWG. S. 889, 890, in welchem der Standpunkt des RGZ. Bd. 120 S. 49 ff. abgelehnt wird.

Die verschiedenen Ansprüche sind nicht „selbständig“, sondern *abhängig* voneinander. Bis zur rechtskräftigen Entscheidung auf Unterlassung des ersten angestrengten Prozesses sind alle andern auszusetzen. Allerdings: ein Vergleich bindet die andern Kläger *nicht*. Ist aber *ein* rechtskräftiges Urteil auf Unterlassung ergangen, dann entfällt für die andern das *Rechtsschutzinteresse*. Wird es nicht vollstreckt *und* drohen neue Verstöße, dann allerdings ist die *gegen die bevorstehenden Verletzungen angestrengte Klage berechtigt*. —

Der Gesetzentwurf enthält merkwürdigerweise keine *Verjährungsvorschrift*. § 21 UWG. ist nicht anwendbar. Er lautet: „Die *in diesem* Gesetz bezeichneten Ansprüche“ usw. Das Zugabeverbot ist aber ein *anderes* Gesetz als das UWG. Eine Bezugnahme fehlt. Hier gilt also die allgemeine Verjährung der §§ 194 Abs. 1, 195 BGB. — das ist also die *dreißigjährige*. Eine sinnlose Regelung. Hier hilft nur die Lehre von der *Verwirkung* (vgl. Kommentar des Verf. zum HGB. und UWG. S. 762 ff.).

Die Zuwiderhandlung **im Geschäftsbetriebe** durch einen Angestellten oder Beauftragten wird dem **Inhaber** des Betriebes *angerechnet*; ohne Rücksicht, ob dieser den Verstoß gekannt, gebilligt, geduldet hat. Der Angestellte, der Beauftragte, der Inhaber des Betriebes haften als Gesamtschuldner (vgl. § 13 Abs. 3 UWG.).

Die **Wiederholungsgefahr** ist nicht Voraussetzung der Unterlassungsklage. Dieser Satz ist einfacher und ehrlicher als die komplizierten Argumentationen, mit denen erst diese Voraussetzung begründet wird, um dann praktisch restlos ausgeräumt zu werden (vgl. d. Verf. Komm. zum HGB. u. UWG. S. 742 ff.).

Eine Klage auf Widerruf der Ankündigungen verbotener Zugaben sieht der Gesetzentwurf nicht vor. Sie läßt sich nur bei schuldhafter Verletzung aus § 249 BGB. konstruieren. Die Gerichte neigen dazu, diese Klage abzuweisen, weil sie eine Demütigung enthalte.

Ein Anspruch auf Veröffentlichung des Urteils ist nicht gegeben. (Anders im Strafverfahren, § 3 Abs. 2.)

Die **einstweilige Verfügung** ist von den allgemeinen prozessualen Voraussetzungen nicht befreit — im Gegensatz zum § 25 UWG. Die Dringlichkeit muß also glaubhaft gemacht werden.

Schadensersatzanspruch

Die vorsätzliche oder fahrlässige Zuwiderhandlung gegen die Vorschriften des § 1 verpflichtet zum Schadensersatz.

Diese Vorschrift des Entwurfs zeigt, wie unbelehrbar der Gesetzgeber in gewissen Dingen ist: die Vorschrift ist nach jeder Richtung völlig verfehlt.

Einmal ist es eine blanke Ungerechtigkeit dem fahrlässigen Täter dem Volumen nach dieselbe Haftung aufzuerlegen wie dem vorsätzlichen. Gegen eine Gleichstellung des grobfahrlässigen Täters mit dem vorsätzlichen wäre nichts einzuwenden. Was — abgesehen davon — der Begriff der Fahrlässigkeit innerhalb des Zugabeverbots soll, ist schwer zu sagen. Man kann fahrlässig Auto fahren, man kann sich fahrlässig bewegen, man kann (meinetwegen) fahrlässig reden, aber wie man fahrlässig Zugaben gewähren kann, das ist zunächst nicht zu sehen. Es sei denn, daß nach dem Muster der Irrtumsverordnung falschen Auffassungen des Einzelhändlers über die erlaubte Gewähr von Zugaben ihm zugute hält. Dann würde der Umstand, daß er fahrlässig, d. h. ohne genügende Überlegung und Erkundigung gehandelt hat, ihm zugute kommen können: als nur fahrlässiger Täter hätte er den halben Schaden zu ersetzen wie als vorsätzlicher. Kein Zweifel: die Aufstellung der Fahrlässigkeit als subjektiver Voraussetzung ist eine Überspannung; aus alter Gewohnheit übernommen, ohne Rücksicht auf das Besondere des Falls.

Indessen steht ja die ganze Bestimmung auf dem Papier. Genau wie die entsprechende Vorschrift des § 1 UWG. Mit der

Unterlassungsklage, die oft auch zu spät kommt, ist ja die Wirkung des UWG. erschöpft. Man klagt zwar immer auf Unterlassung und auf Ersatz des „entstandenen und entstehenden Schadens“, aber einfach aus dem Grunde, um — nicht ganz zu unterliegen, wenn der Beklagte die Wiederholungsgefahr ausräumt. Fast nie gelingt es, dem Verlangen des Gerichts nach Substanzierung zu genügen. Ist das Urteil auf Unterlassung und Ersatz des „entstandenen und entstehenden Schadens“ ergangen, dann versandet die Sache.

Diesem Übelstand könnte nur durch eine Vorschrift abgeholfen werden, die Schadensbeträge nennt: bei Fahrlässigkeit bis zu zwanzigtausend, bei Vorsatz bis zu fünfzigtausend Reichsmark; und die den Richter zwingt, schätzungsweise innerhalb dieses Rahmens zu bestimmter Summe zu verurteilen. Wer kann auf Schadensersatz klagen? Der Geschädigte: also nicht ein Verband zur Förderung gewerblicher Interessen.

Hier zeigt sich aber auch, wie verfehlt es ist, eine Popularklage zur Schadensersatzklage auszugestalten. Eine Popularklage soll den Interessen der Allgemeinheit dienen, nicht dem besonderen Nutzen des Einzelnen.

Wir haben oben gesehen, daß eine ganze Reihe von Personen „aktiv legitimiert“ sind: Fabrikanten und unmittelbare und mittelbare Wettbewerber des Einzelhändlers. Können sie alle auch auf Schadensersatz klagen? Antwort: ja, wenn sie geschädigt sind. Wenn nun eine Zigarrenhandlung jeder Kiste Zigarren eine Zigarrenspitze aus Bernstein zugibt — und auf diese Weise in kurzer Zeit 1000 Kisten verkauft — wer ist geschädigt? Alle Zigarrenhändler der betreffenden Stadt oder des Landes? Alle Bernsteinspitzenfabrikanten und -Verkäufer?

Kann jeder der klagenden Zigarrenhändler erklären — ohne die Zugabe hätte er und gerade er und kein andrer diese 1000 Kisten Zigarren verkauft? Um die Sache zu komplizieren: auch wenn der „geschädigte“ Kläger diese Sorte Zigarren gar nicht führt?

Wenn die Zugabe alle Zigarrenkäufer der Umgebung in den einen Laden lockt — und die benachbarten die Kundschaft verlieren, dann sind alle geschädigt. Aber wie hoch? Müssen der Konkurrenz alle Käufe ihrer früheren Kunden zugute kommen, oder nur die Zugabeverkäufe?

Ist das überhaupt der Schaden, der durch die Zuwiderhandlung gegen das Zugabeverbot entsteht? Ist nicht vielmehr nur der Käufer geschädigt?

Und damit kommen wir auf die Frage, welche Rechtsfolgen entstehen, wenn ein Rechtsgeschäft wider das Zugabeverbot getätigt wird.

Das Verbot des § 1 richtet sich gegen die Gewährung einer Zugabe neben einer Ware (oder Leistung):

Ware wird gewährt auf Grund eines *Kaufvertrages* (um den praktisch häufigsten Fall zu erörtern).

Gemäß § 134 BGB. ist ein Rechtsgeschäft nichtig, das gegen ein gesetzliches Verbot verstößt, wenn sich nicht aus dem Gesetz ein anderes ergibt.

Es unterliegt keinem Zweifel, daß das Zugabeverbot ein gesetzliches Verbot im Sinne des § 134 BGB. ist: gemäß dieser Vorschrift ist nicht nur die Gewährung der Zugabe nichtig, sondern gerade auch die „Gewährung" der Ware: das *Hauptgeschäft*, denn das Zugabeverbot verfolgt das Ziel der Klarstellung des wahren Preises. Und dieser ist ein Element des Geschäfts über die Hauptware.

Die Folge der Nichtigkeit ist, daß der Käufer den Anspruch auf Rückgewähr des Kaufpreises und der Verkäufer den Anspruch auf Rückgewähr der gewährten Sachen hat. Hier greifen die Vorschriften über die ungerechtfertigte Bereicherung ein; nach denen insbesondere der Fall zu entscheiden ist, wenn eine Leistung (z. B. Transport) den Gegenstand des Geschäfts bildet, die nicht „zurückgewährt" werden kann. —

Für **Angestellte und Beauftragte** haftet der Geschäftsherr nur nach Maßgabe des § 831 BGB. — was den Schadensersatz betrifft, den die Konkurrenten geltend machen können; dagegen haftet er gegenüber dem Verkäufer, dem er auf Grund des Kaufvertrages liefert, gemäß § 278 BGB. —

Prozessuales:

Anträge auf Unterlassung:

1. Ich beantrage,

   den Beklagten zu verurteilen, bei Meidung einer vom Gericht für jeden Fall der Zuwiderhandlung festzusetzenden Geld- oder Haftstrafen,
   es zu *unterlassen*,
   im Einzelhandel neben den von ihm vertriebenen *Galanteriewaren* Freibillets zu Theater und Variétés unentgeltlich oder gegen ein geringfügiges, offenbar bloß zum Schein verlangtes Entgelt von . . . zu gewähren, anzubieten und anzukündigen;

2. es zu *unterlassen*,
   neben den von ihm im Dauerbezug gewährten Büchern Unfallversicherung zugunsten der Bezieher der Bücher zu übernehmen,

auf Grund der übernommenen Versicherungen den Versicherten nach Unfällen die versprochenen Leistungen zu gewähren,
und dem Beklagten aufzugeben, durch Mitteilung an die Dauerbezieher diese darüber aufzuklären, daß auf Grund der übernommenen Versicherungen Leistungen nicht gewährt werden können;

3. es zu unterlassen,
neben der Lieferung von Exemplaren der Zeitung . . . den Dauerbeziehern Billets zu den staatlichen Theatern zu gewähren, *es sei denn*, daß der Beklagte sich erbietet, an Stelle dieser Billets den Kassenpreis für die betreffenden Billets in bar auszuzahlen und bei dem Angebot und der Ankündigung auf dieses Recht hinweist und bei jedem Billet den für dieses zu zahlenden Barbetrag angibt;

4. es zu unterlassen,
die Zugabe der von ihm neben den Waren seines Warenhauses gewährten Luftballons mit Firmenaufschrift den *Käufern* gegenüber oder in *öffentlichen Mitteilungen* als Gratiszugabe, als Geschenk oder in ähnlicher Weise zu bezeichnen, die den Anschein unentgeltlicher Gewährung erweckt.

Ist der Beklagte gemäß Antrag zu 1 verurteilt worden, und bedient er sich dann der Möglichkeit der Ausnahme des § 1 Abs. 2e, das heißt, erbietet er sich zum **Geldersatz** usw., dann kann das Urteil *nicht* mehr *vollstreckt* werden: der Beklagte verstößt nicht mehr gegen das Zugabeverbot.

Zur Unterstützung sind **einstweilige Verfügungen zulässig**
auf *Unterlassung*,
auf *Beschlagnahme* der *Ankündigungen* in Prospekten und Plakaten, der Zugabewaren und Hinterlegung bei einem Gerichtsvollzieher bis zur rechtskräftigen Entscheidung.

Anträge auf Schadensersatz:

Ich beantrage,
den Beauftragten zu verurteilen, dem Kläger den Schaden zu ersetzen, der ihm dadurch entstanden ist und entsteht,
daß der Beklagte im Einzelhandel neben Zigaretten Streichhölzer in Packungen gewährt hat und gewährt — Liquidation vorbehalten . . .

Antrag auf Auskunft und Rechnungslegung:

Dieser Anspruch auf Auskunft und Rechnungslegung wird bekanntlich in stehender Rechtsprechung zur Unterstützung des

Anspruchs auf Schadensersatz gewährt, auch im Falle der Fahrlässigkeit.

Ich beantrage,

den Beklagten zu verurteilen, dem Kläger Auskunft zu geben, wie viele Male er vom 1. 10. bis 1. 12. im Einzelhandel Kunden neben Margarine Porzellangegenstände als Zugabe gewährt hat und Rechnung zu legen über die Gestehungskosten der in diesem Zeitraum von ihm abgesetzten Margarine und über die Eingänge aus diesen Verkäufen, sowie über die Gestehungskosten der gewährten Zugaben in Porzellan . . .

Absatz 3

Der Absatz 3 trennt das Zugabeverbot von andern Vorschriften, gegen die der Einzelhändler durch die Zugabe verstoßen kann.

In Betracht kommen § 263 StrGB. in Verbindung mit § 823 Abs. 2 BGB., § 826 (vorsätzlicher Verstoß wider die guten Sitten), § 286 StrGB. in Verbindung mit § 823 Abs. 2 BGB., schließlich und vor allem die vom Entwurf selbst genannten Vorschriften gegen den unlauteren Wettbewerb, über die zu Anfang bereits das Erforderliche gesagt worden ist.

Strafvorschriften

§ 3.

Wer vorsätzlich den Vorschriften des § 1 zuwiderhandelt, wird, sofern die Tat nicht nach anderen Vorschriften mit höherer Strafe bedroht ist, mit Geldstrafe bestraft.

Die Strafverfolgung tritt nur auf Antrag ein. Das Recht, den Strafantrag zu stellen, hat jeder der im § 2 Abs. 1 bezeichneten Gewerbetreibenden und Verbände. Die Zurücknahme des Antrages ist zulässig.

Wird auf Strafe erkannt, so kann angeordnet werden, daß die Verurteilung auf Kosten des Schuldigen öffentlich bekanntzumachen ist.

Der vorsätzliche Verstoß gegen den § 1 löst einen Strafanspruch der im Zivilprozeß aktiv Legitimierten aus, der auf Geldstrafe gerichtet ist.

FSC
www.fsc.org
MIX
Papier | Fördert
gute Waldnutzung
FSC® C083411

Kolibri 360 GmbH
Ferdinand-Jühlke-Straße 7
99095 Erfurt, Deutschland
produktsicherheit@kolibri360.de